"一带一路"列国人物传系 总主编◎王丽

意大利9人传

亚平宁半岛上的文化巅峰……王灵桂 刘娜◎主编

华文出版社
中国出版集团公司

图书在版编目（CIP）数据

意大利9人传：亚平宁半岛上的文化巅峰 / 王灵桂，刘娜主编. —— 北京：华文出版社，2017.5

（"一带一路"列国人物传系）

ISBN 978-7-5075-4683-5

Ⅰ.①意… Ⅱ.①王… ②刘… Ⅲ.①人物-列传-意大利 Ⅳ.①K835.46

中国版本图书馆CIP数据核字（2017）第081104号

意大利9人传

主　　编：	王灵桂　刘　娜
责任编辑：	谭　笑　黄彩霞
出版发行：	华文出版社
社　　址：	北京市西城区广外大街305号8区2号楼
邮政编码：	100055
网　　址：	http://www.hwcbs.com.cn
投稿信箱：	784263235@qq.com
电　　话：	总编室 010-58336239　发行部 010-58336267/58336230
	责任编辑 010-58336237
经　　销：	新华书店
印　　刷：	三河市东方印刷有限公司
开　　本：	880×1230　1/32
印　　张：	8
字　　数：	129千字
版　　次：	2018年7月第1版
印　　次：	2018年7月第1次印刷
标准书号：	ISBN 978-7-5075-4683-5
定　　价：	38.00元

版权所有　侵权必究

"'一带一路'列国人物传系"编辑委员会

指导单位：
中国文学艺术界联合会
中国社会科学院国家全球战略智库

编委会：
总主编： 王　丽
副主编： 唐得阳　王灵桂
委　员：（按姓氏笔画排序）

丁　冬	丁闻琦	丁　超	于　青	于福龙	马细谱	王　丽
王灵桂	王建沂	王郦久	王春阳	王洪起	王宪举	王　渊
文　炜	邓　伟	白明亮	冯玉芝	成　功	朱可人	刘　文
刘思彤	刘铨超	刘淅萍	安国君	孙钢宏	苏　秦	杜荣友
李一鸣	李永全	李垂发	李绍先	李玲玲	李贵方	李润南
宋　健	张　宁	张　敏	陈小明	邵诗洋	邵逸文	周由强
周　戎	周国长	庞亚楠	郑跃文	胡圣文	姜林晨	高子华
唐岫敏	唐得阳	董　鹏	韩同飞	景　峰	谢路军	翟文婧
鞠思佳						

支持单位：
中国社会科学院俄罗斯东欧中亚研究所
北京融商一带一路法律与商事服务中心

法律顾问：
北京德恒律师事务所

总　序

群星闪耀"一带一路"

　　"2100多年前,中国汉代的张骞肩负和平友好使命,两次出使中亚,开启了中国同中亚各国友好交往的大门,开辟出一条横贯东西、连接欧亚的丝绸之路。"①2013年9月7日,中国国家主席习近平在哈萨克斯坦纳扎尔巴耶夫大学发表演讲,以博古通今的睿智对大学生们娓娓道来丝绸之路古老而年轻的故事。

　　"我的家乡陕西,就位于古丝绸之路的起点。站在这里,回首历史,我仿佛听到了山间回荡的声声驼铃,看到了大漠飘飞的袅袅孤烟。这一切,让我感到十分亲切。哈萨克斯坦这片土地,是古丝绸之路经过的地方,曾经为沟通东西方文明,促进不同民族、不同文化相互交流和合作作出过重要贡献。

---

① 《习近平谈治国理政》,外文出版社,2014年10月第1版,第287页。

东西方使节、商队、游客、学者、工匠川流不息,沿途各国互通有无、互学互鉴,共同推动了人类文明进步。""不同种族、不同信仰、不同文化背景的国家完全可以共享和平、共同发展。这是古丝绸之路留给我们的宝贵启示","为了使我们欧亚各国经济联系更加紧密、相互合作更加深入、发展空间更加广阔,我们可以用创新的合作模式,共同建设'丝绸之路经济带'"。① 推己及人,高瞻远瞩,引领时代,习主席在阿斯塔纳②通过哈萨克斯坦人民,首次向世界发出了让古老的丝路精神再次焕发青春和光彩的时代宣言。

2013年10月3日,习主席在印度尼西亚国会发表了题为《共同建设二十一世纪"海上丝绸之路"》的演讲:"东南亚地区自古以来就是'海上丝绸之路'的重要枢纽,中国愿同东盟国家加强海上合作,使用好中国政府设立的中国-东盟海上合作基金,发展好海洋合作伙伴关系,共同建设21世纪'海上丝绸之路'","发挥各自优势,实现多元共生、包容共进,共同造福于本地区人民和世界各国人民"。③ 这个倡议和9月7日的演讲异曲同工、

---

① 《习近平谈治国理政》,外文出版社,2014年10月第1版,第287页。
② 哈萨克斯坦新首都名称。
③ 同①,第293-295页。

遥相呼应、互为映衬，完整地提出了"丝绸之路经济带"和"21世纪海上丝绸之路"的宏伟构想。

从广袤的亚欧腹地哈萨克斯坦到风光旖旎的印度尼西亚，习主席提出的"丝绸之路经济带"和"21世纪海上丝绸之路"吸引了世界各国的目光。从2013年9月至2016年8月，习近平出访37个国家（亚洲18国、欧洲9国、非洲3国、拉美4国、大洋洲3国），对"一带一路"倡议的总体框架和基本内涵做了充分阐述。和平合作、开放包容、互鉴互学、互利共赢的丝路精神，共商、共建、共享的合作理念，驱散了"去全球化"的阴霾，为增长低迷的世界经济注入新的动能。各国纷纷将本国经济发展与中国政府制定的《推动共建丝绸之路经济带和21世纪海上丝绸之路的愿景与行动》规划相衔接。"一带一路"倡导的政策沟通、设施联通、贸易畅通、资金融通、民心相通等"五通"，正在以基础设施、经贸合作、产业投资、能源资源、金融支撑、人文交流、生态环保、海洋合作等为载体和依托，在全球掀起了投资兴业、互联互通、技术创新、产能合作的新势头。2016年中国牵头成立有57个成员国加入的亚洲基础设施投资银行（AIIB），2017年3月23日迎来13个新伙伴。孟加拉配电系统升级扩容项目、印尼全国棚户区改造项目、巴基斯坦国家高速公路项目和塔吉克斯坦杜尚别至乌兹别克斯坦道路改造项目已经获得亚投行金融支持,共商共建成为现实。

"一带一路"倡议得到国际社会的热烈响应。2016年11月17日,第71届联合国大会193个成员一致赞同,通过了第A/71/9号决议,欢迎"一带一路"倡议,敦促各国通过参与"一带一路",呼吁国际社会为开展"一带一路"建设提供安全保障环境。2017年3月17日,联合国安理会全票赞成,一致通过第2344号决议,呼吁国际社会凝聚援助阿富汗共识,通过"一带一路"建设等加强区域经济合作,敦促各方为"一带一路"建设提供安全保障环境。

2017年1月,习近平主席在联合国日内瓦总部发表题为《共同构建人类命运共同体》的重要演讲,全面深入系统阐述人类命运共同体重大理念,在国际上引起热烈反响,受到各方普遍欢迎和高度评价。3月23日,联合国人权理事会第34次会议通过关于"经济、社会、文化权利"和"粮食权"两个决议,决议明确表示要通过"一带一路"建设"构建人类命运共同体"。这是人类命运共同体重大理念首次载入人权理事会决议,标志着这一理念成为国际人权话语体系的重要组成部分。

"一带一路"不是中国的独角戏,是与亚、欧、非洲及世界各国共同奏响的交响乐。中国恪守联合国宪章的宗旨和原则,坚持开放合作、和谐包容、政策沟通,培育政治互信,建立合作共识,协调发展战略、促进贸易便利化及多边合作体制机制。中国携手100多个国家和地区,依托国际大通道,以陆上沿线中心城市为支撑,以重点经贸产业园区为合作平台,共同打造新亚欧大陆桥、中蒙俄、中国－中亚－西亚、中巴、孟中印缅、中国－中南半岛等国际经济合作走廊进展顺利,中欧班列在贸易畅通上动力强劲,风景亮丽;以海上重点港口为节点,共同建设通畅安全高效的运输通道,实现陆海路径的紧密关联和合作,太平洋、印度洋、大西洋上巨轮往来频繁,不亦乐乎。亚太经合组织、亚欧会议、大湄公河次区域合作等有关决议或文件,都体现了"一带一路"建设内容。丝路基金、开发性金融、供应链金融汇聚全球财富,建设绿色、健康、智慧与和平的丝绸之路,增进各国民众福祉。

　　"一带一路"是人类历史上从未有过的恢弘蓝图,也是横跨亚非欧连接世界各国的暖心红线。"丝绸之路经济带"包括中国经中亚、俄罗斯至欧洲(波罗的海),中国经中亚、西亚至波斯湾、地中海,中国至东南亚、南亚、印度洋;"21世纪海上丝绸之路"包括从中国沿海港口过南海到印度洋再延伸至欧洲和到南太平洋。一路驼铃声声、舟楫相望，互通有无、友好交往。

在新的时代，在创新古老丝路精神的伟大进程中，习主席专门缅怀丝路开拓者，特意致敬古丝路精神奠基人："我们的祖先在大漠戈壁上'驰命走驿，不绝于时月'，在汪洋大海中'云帆高张，昼夜星驰'，走在了古代世界各民族友好交往的前列。甘英、郑和、伊本·白图泰是我们熟悉的中阿交流友好使者。丝绸之路把中国的造纸术、火药、印刷术、指南针经阿拉伯地区传播到欧洲，又把阿拉伯的天文、历法、医药介绍到中国，在文明交流互鉴史上写下了重要篇章。千百年来，丝绸之路承载的和平合作、开放包容、互学互鉴、互利共赢精神薪火相传。"①这种吃水不忘挖井人的情怀，再次展现了中华民族不忘历史、纪念先贤、展望未来的优秀文化基因，也为中国传记文学学会参加"一带一路"建设指明了方向和道路。

在古老的丝绸之路上，我们不曾相忘：张骞出使西域到过的哈萨克斯坦，山高水长的好邻居巴基斯坦，双头鹰下横跨欧亚之国俄罗斯，草原之国蒙

---

① 习近平：《弘扬丝路精神，深化中阿合作》，2014年6月5日，习近平在中—阿合作论坛第六届部长级会议开幕式上的讲话，《人民日报》6月6日第1版。

古,喜马拉雅浮世天堂尼泊尔,菩提恒河保佑之国印度,文化瑰宝伊朗,首创法典之国伊拉克,红海门户之国也门,石油王国沙特阿拉伯,波斯湾明珠巴林,雪松之国黎巴嫩,海湾之秀科威特,沙漠之巅阿联酋,半岛明珠之国卡塔尔,波斯湾霍尔木兹海峡守门人阿曼,万湖之国白俄罗斯,欧亚十字路口土耳其,流着奶和蜜之地以色列,欧洲粮仓乌克兰,亚平宁半岛上的文化巅峰意大利,阿尔卑斯之巅的瑞士,玫瑰之国保加利亚,与灵魂对话的思辨之国德意志,欧洲文化殿堂法兰西,欧洲客厅比利时,郁金香之国荷兰,热情如火的西班牙,还有正在脱欧的绅士国度英国,北非金字塔之国埃及,非洲屋脊奉马蹄莲为国花的埃塞俄比亚,香草大岛之国马达加斯加,等等。

　　沿着海上丝绸之路,我们会领略丛林花园之国马来西亚,花园国度新加坡,千岛之国菲律宾,赤道翡翠之国印度尼西亚;沿澜沧江一路南下,我们不曾相忘澜湄泽润之国越南,千佛之国泰国,高棉的微笑之国柬埔寨,万象之都老挝,印度洋上明珠之国斯里兰卡,印度洋上的明星和钥匙毛里求斯,堆金积玉之国文莱,追求自由之国东帝汶,印度洋世外桃源马尔代夫,骑在羊背上的国家澳大利亚,上帝的后花园新西兰,等等。

"一带一路"沿线国家里,那些千百年来影响了人类与国家、民族命运并与中国曾经有过交往的古今人物,至今还能在教科书、影视剧里看到他们,还能感受到他们在一代一代年轻人身上所生发的影响和魅力。

当然,对于中国人来说,更为熟悉的是丝绸之路的开拓者。曾记否?丝绸之路开拓者中,有汉武帝和他的使节们,有首开大唐盛世的唐太宗及其无数臣民,有再续睦邻通商航海路的宋祖朝廷和无数先贤,还有金戈铁马风漫卷的元代人物,一统江山万里帆的明代人物,环球凉热自清浊的清代人物,东西碰撞溅火花的近代人物,还有经受风雨变迁、勇立海国之志的现代人物,更有丝路明珠敦煌莫高窟的守护者,卫国助邻的将军和通司中外的外交家们。当然,数风流人物,还看今朝,我们不能不浓墨重彩地讴歌那些智通商海,投身到新丝路建设中的当代人物。

耕云播雨,香火延续,智慧传承,历史再续!2100多年的友好交往历史从未隔断,惠及三大洲的中西交通从未停歇,21世纪的"中国梦"和"世界梦"汇成了人类命运共同体的时代和弦,响彻在"一带一路"辽阔的长空。也正因如此,2017年5月,北京喜迎来自"一带一路"相关国家的元首、政府首脑、前政要、知名企业家和专家学者等各界代表，以及国际组织的负责人等千名领袖，出席"'一带一路'国际合作高峰论坛"。"千人盛会"共襄"团结互信、平等互利、包容互鉴、合作共赢"[①]之盛举，共商"沿线各国共同把蛋糕做大，一起分蛋糕"之合作共赢大计。这是中华民族和世界历史上都应该铭记的大日子。

以人物传记写作为己任的中国传记文学学会，在"一带一路"倡议实施中，肩负"讲好一带一路民心相通好故事"的使命和责任，这也是国家赋予我们的根本职责和任务。在中国文学艺术界联合会的领导下，在中国社会科学院国家全球战略智库指导下，中国传记文学学会以赤诚的家国情怀、强烈的时代精神、为人传记的责任担当，在认真调研、周密谋划、精心组织基础上，毅然决定倾注全力组织编写出版"'一带一路'列国人物传系"。此煌煌百卷传系讲述近千名各国人物故事，集数百位专家作家尽心挥毫，去冬今春，夜以继日……幸得中国出版集团公司华文出版社出版发行。于是，各位读者得以读到手中的这套活泼而不失厚重、有趣而不失学养的列国人物合传书卷。

[①] 习近平：《弘扬人民友谊，共创美好未来》，2013年9月7日，习近平主席在哈萨克斯坦纳扎尔巴耶夫大学的演讲。

孔子曰:"仁者,人也。"让各国的先贤智者的思想光辉,照亮我们探索人类未来的道路。

传记明志,落笔为文,是为总序。

中国传记文学学会会长
"'一带一路'列国人物传系"编委会总主编
王丽 博士
2018年3月8日

General Editor's Preface

The Belt and Road Initiative was conceived in 2013. On September 7, 2013, Chinese President Xi Jinping proposed for the first time the blueprint in a speech at Nazarbayev University during his visit to Kazakhstan:

Over 2,100 years ago during China's Han Dynasty, a Chinese imperial envoy Zhang Qian visited Central Asia twice to open the door to friendly contacts between China and Central Asian countries as well as the transcontinental Silk Road linking East and West, Asia and Europe.

Shaanxi, my home province, is right at the starting point of the ancient Silk Road. Today, as I stand here and look back into history, I could almost hear the camel bells ringing in the mountains and see the wisps of smoke rising from the desert. It has brought me close to the place I am visiting. Sitting on the ancient Silk Road, Kazakhstan has made important contributions to the exchanges and cooperation between different nations and cultures. This land has witnessed a steady stream of envoys, caravans, travelers, scholars and artisans traveling between the East and the West. The exchanges and mutual learning thus made possible have contributed to the progress of human civilization.

... Countries with differences in race, belief and cultural background are fully capable of sharing peace and development. This is the valuable inspiration we have drawn from the ancient Silk Road.

... To forge closer economic ties, deepen cooperation and expand development opportunities between Eurasian countries, we should innovate the mode of cooperation and jointly build an "economic belt along the Silk Road".[①] Considering the interests of the world commnity, taking a broad and long view and leading the new era, in Astana, President Xi, through the people of Kazakhstan, for the first time issued a declaration to the world that the old Silk Road

---

① Xi Jinping, *The Governance of China* (Beijing: Foreign Languages Press, 2014) 287.

spirit would once again be rejuvenated and radiant.

On October 3, 2013, President Xi brought up this topic again in his address to the Indonesian Parliament under the title "Jointly Building the 21st Century Maritime Silk Road":

> Southeast Asia has since ancient times been an important hub along the ancient Maritime Silk Road. China will strengthen maritime cooperation with ASEAN countries to make good use of the China-ASEAN Maritime Cooperation Fund set up by the Chinese government and vigorously develop maritime partnership in a joint effort to build the Maritime Silk Road of the 21st century. China is ready to expand its practical cooperation with ASEAN countries across the board, supplying each other's needs and complementing each other's strengths, with a view to jointly seizing opportunities and meeting challenges for the benefit of common development and prosperity. [1]

The two talks framed the full picture of the

---

[1] Xi Jinping, *The Governance of China* (Beijing: Foreign Languages Press, 2014) 293-295.

conceptual "Silk Road Economic Belt" and the "21st Century Maritime Silk Road", which are collectively referred to as "The Belt and Road Initiative". Between September 2013 and August 2016, President Xi visited 37 countries (18 in Asia, 9 in Europe, 3 in Africa, 4 in Latin America and 3 in Oceania), giving a full exposition of the Belt and Road Initiative, from its overall framework to various details. The milieus of peaceful and all-win cooperation, financial integration, trade liberalization, and people-to-people bonds dispel the haze of anti-globalization and inject new vitality to the stagnant world economy.

  The Belt and Road Initiative has been received with global enthusiasm. On November 17, 2016, all 193 member states of the United Nations unanimously passed the Resolution No. A/71/9 during the 71st Session of the United Nations General Assembly. This resolution endorsed China's Belt and Road Initiative, encouraged UN member countries to participate in the Initiative, and urged the international community to provide a safe environment for the implementation of the Initiative.

  The Belt and Road Initiative is not a solo of China, but a symphony of countries from Asia, Europe, Africa and the rest of the world. By observing the Charter of the United Nations, China adheres to openness and cooperation, harmony and inclusiveness as well as policy coordination in order to bolster mutual political trust, reach cooperation consensus, coordinate development strategies, facilitate trade, and introduce multilateral cooperation mechanisms. China has established partnerships with over 100 countries and international organizations with the goal of jointly building a new Eurasian Land Bridge and developing China–Mongolia–Russia, China–Central Asia–West Asia, China–Pakistan, Bangladesh–China–India–Burma, and China–Indochina Peninsula economic corridors by taking advantage of international transport routes, relying on core cities along the Belt and Road and using key economic industrial parks as cooperation platforms. At sea, the Initiative will focus on jointly building smooth, secure and efficient transport routes connecting major sea ports along the Belt and Road, so as to achieve a closer connection and cooperation between land and sea routes, with the Pacific, Indian and Atlantic Oceans frequented by ships and vessels. Meanwhile, the Asia-Pacific Economic Cooperation

(APEC), the Asia-Europe Meeting (ASEM), the Greater Mekong Subregion (GMS) Economic Cooperation and many other regional cooperation mechanisms have included the Belt and Road Initiative in their relevant resolutions and documents.

 We shall never forget the countries along the ancient Silk Road: Kazakhstan, the country visited by the Han Dynasty imperial envoy Zhang Qian; Pakistan, China's friendly neighbor bound by mountains and rivers; Russia, a country symbolized by a double headed eagle; Mongolia, the prairie country; Nepal, the paradise on the Himalayas; India, a land blessed by the holy river Ganges; Iran, a country full of cultural treasures; Iraq, the country where the famous *Code of Hammurabi* originates from; Yemen, the gate to the Red Sea; Saudi Arabia, the kingdom of petroleum; Bahrain, the pearl of the Persian Gulf; Lebanon, a country of cedars; Kuwait, a rising star of the Persian Gulf; United Arab Emirates, a diamond on the desert; Qatar, a gem on the Arabian Peninsula; Oman, the gatekeeper of the Hormuz Strait; Byelorussia, a country with myriad lakes; Turkey, the center of the crossroads of Eurasia; Israel, a country full of milk and honey; Ukraine, the granary of Europe;

Italy, the pinnacle of culture on the Apennine Peninsula; Switzerland, a country in the Alps; Bulgaria, the land of roses; Germany, a home to great minds; France, the cultural palace of Europe; Belgium, the drawing room of Europe; the Netherlands, a garden of tulips; Spain, the land of passion; United Kingdom, the country of gentlemen which is breaking from the EU; Egypt, a country of pyramids in North Africa; Ethiopia, the roof of Africa whose national flower is Calla Lily; Madagascar, the island nation where vanilla grows, and so on.

The Maritime Silk Road links Malaysia, a country of forests and gardens; Singapore, the flowery country; the Philippines, the country of a myriad of islands; and Indonesia, the emerald of the equator. Along the Lantsang River down to the south, we will pass Vietnam, the land nourished by the Mekong River; Thailand, a country of thousands of Buddhist temples; Cambodia, the home to Khmer smiles; Laos, the land of a million elephants; Sri Lanka, a bright pearl in the India Ocean; Mauritius, the shining star and key of the Indian Ocean; Brunei, a kingdom of gold and green; East Timor, a nation of independence; Maldives, a paradise in the India Ocean; Australia, the nation riding on the sheep's back; New

Zealand, the back garden of God, and so forth.

In the countries along the Belt and Road, names of distinguished figures, ancient or modern, who have affected the destiny of mankind, who have rewritten the history of nations, and who have had contacts with China, can still be found in today's textbooks, films and TV shows. We can still feel their enduring influence and charm on generations of young people.

Of course, for the Chinese people, the pioneers of the ancient Silk Road are more familiar. Yet, those who have devoted themselves to the building of the new Silk Road equally deserve our respect. In May 2017 during the Belt and Road Forum for International Cooperation, Beijing welcomed thousands of guests from around the world, including heads of state, heads of government, former politicians, business leaders, experts, scholars, and principals of international organizations. They gathered together in the common spirit of solidarity and mutual trust, equality and mutual benefit, inclusiveness and mutual learning, and win-win cooperation, to discuss how countries along the Belt and Road can work together to make the "pie" bigger and shared by all for mutual benefit.[①] This is a big day that should be remembered as a landmark in the history of the Chinese nation and the world.

The Biography Society of China, which makes it its mission to promote biography writing, shoulders the task and responsibility of telling well the stories of friendly exchanges among people of countries along the Belt and Road. This is also the fundamental duty and task assigned to us by our nation. Therefore, through careful investigation and passionate planning, the Biography Society of China decided to publish a hundred-volume series titled *Remarkable Lives Along the Belt and Road*. This project receives support from the China Federation of Literary and Art Circles and guidance from the National Institute of International Strategy of Chinese Academy of Social Sciences. From last winter till this spring, hundreds of experts were working around the clock on the biographies of a thousand remarkable lives. Here the series is presented to you.

As Confucius said, "Humanity is of humans". Let the lights of those great minds and lives illuminate our future

---

[①] Xi Jinping, "Promote People-to-People Friendship and Create a Better Future", Speech delivered at the Nazarbayev University, Kazakhstan, September 7, 2013.

path of exploration.

Comments, criticism and suggestions will all be appreciated.

Dr. Wang Li
Chairwoman:
The Biography Society of China
General Editor:
Remarkable Lives Along the Belt and Road
March 8, 2018

目　录

引　言 ·· 1

意大利独立之父——马志尼 ·· 11
1. 勇于"思想和行动"的人 ··· 12
2. 流亡的革命家 ·· 15
3. 罗马共和国的失败 ·· 19
4. 伟人最后的迷茫 ·· 26

意大利国父——加富尔 ·· 31
1. 叛逆的富家子弟 ·· 32
2. 商海政界新秀 ·· 36
3. 完成统一大业 ·· 39

欧洲的中国通——马可·波罗 ·· 47
1. 伟大的东游之旅 ·· 48
2 震惊世界的旅行记 ··· 57
3. 神秘的大洋彼岸 ·· 66

中西交流的先驱者——利玛窦 ··· 75

1. 成为杰出传教士 ········· 76
2. 东方的传奇之旅 ········· 82
3. 一波三折的北京觐见 ········· 89
4. 对中西文化交流的贡献 ········· 95

意大利文艺复兴时期的伟大诗人——但丁 ········· 99
1. 早年的创作活动 ········· 100
2. 城市共和的先驱 ········· 110
3. 统一祖国的伟大抱负 ········· 115
4. 跨时代的伟大作品 ········· 122

文艺复兴第一巨人——达·芬奇 ········· 126
1. 初出茅庐小天才 ········· 127
2. 登上艺术巅峰 ········· 135
3. "时间穿越者" ········· 144

旷世奇才——米开朗基罗 ········· 151
1. 孤寂的绘画新星 ········· 152
2. 无与伦比的艺术成就 ········· 157
3. 神秘爱情的慰藉 ········· 167

一代画圣——拉斐尔 ········· 171
1. 青年才俊 ········· 172

    2. 惊世之作 ……………………………………… 181
    3. 深厚的画功 …………………………………… 191
    4. 一生的执著 …………………………………… 194

近代实验科学的先驱者——伽利略 ……………… 196
    1. 早年崭露头角 ………………………………… 197
    2. 学术的黄金时期 ……………………………… 207
    3. 探索真理的晚年 ……………………………… 213

后 记 ………………………………………………… 221

Contents

Introduction / 1

The Father of Italy's Independence:
  Giuseppe Mazzini / 11

The Founding Father of Italy:
  Camillo Paolo Filippo Giulio Benso / 31

A European Expert on China:
  Marco Polo / 47

The Pioneer of Sino-Western Cultural Exchanges:
  Matteo Ricci / 75

The Great Italian Renaissance Poet:
  Dante Alighieri / 99

The First Giant of the Renaissance:
  Leonardo da Vinci / 126

The Unprecedented Talent:
  Michelangelo di Lodovico Buonarroti Simoni / 151

The Master Painter of the Era:
   Raffaello Sanzio da Urbino / 171

A Forerunner of Modern Experimental Science:
   Galileo Galilei / 196

Afterword / 221

引 言

揩手作别茹毛饮血的时代,被缚的普罗米修斯盗出火种给人类以温暖,超凡的释迦牟尼普度众生;当潘多拉的盒子被打开,当达摩克利斯的剑高悬,我们人类学会了在艰难困境中创造生活,在历史长河中审视生活,实现着人类文明的发展进步。

当我们揭开欧陆古国意大利的神秘面纱,展现在世人面前的,是一幅人类文明史的缩影图。

意大利位于欧洲南部,它由一个靴子形的亚平宁半岛与位于地中海中的西西里岛和萨丁岛组成。意大利三面环海,只有北部地区与法国、瑞士、奥地利以及斯洛文尼亚接壤。从地理环境来看，全境4/5为山丘地带。境内的勃朗峰海拔4810米，是意大利的最高峰。意大利多火山和地震，亚平宁半岛西侧有著名的维苏威火山，西西里岛上的埃特纳火山是欧洲最大的活火山。最大河流是波河，较大湖泊有加尔达湖、特拉西梅诺湖、马焦雷湖、科摩湖等。

意大利现在的国土面积301338平方千米，人口大约6060万（2016年），人口密度约为200人/平方千米，居欧盟国家第4位，世界第23位。首都罗马的人口约300万，为意大利第一大城市。那不勒斯和米兰都是人口较为集中的城市，接近300万。意大利人口中94%为意大利人，少数民族有法兰西人、拉丁人、弗留利人、日耳曼人和斯拉夫人。90%以上居民信奉天主教，一部分人信奉新教、犹太教、东正教、伊斯兰教和佛教等。

意大利作为人类文明最早的发源地之一，一直承载着欧洲民族和文化的发展，首都罗马更是在几个世纪都作为西方的政治中心和经济中心。公元前27年，罗马帝国建立，此后罗马共和国和罗马帝国在数个世纪里一直统治着这片土地。12—13世纪，意大利分裂成许多王国、公国、自治城市和封建领地。14世纪，生活在这片土地上的人们首先掀起了欧洲文艺复兴的浪潮。在长期的分裂后，意大利在16世纪先后被法国、西班牙、奥地利占领。1861年建立了意大利王国。

1870年，结束了长期的分裂状态，宣布统一。二战战败后废除君主制，成立共和国。

意大利拥有高度发达的资本主义体系，是欧洲四大经济体系之一。意大利共拥有48个联合国教科文组织世界遗产，位居世界第一。在时尚和艺术领域，意大利也一直处于世界领导地位，尤其是米兰，被称作"世界时尚之都"。

但是意大利自然资源匮乏，矿产资源稀少，75%的能源供给和主要工业原料依赖国外进口，本土仅生产水力、地热、天然气等能源，石油和天然气产量也只能满足国内一小部分市场需求。工业以加工制造为主，原油年加工能力为1亿吨左右，有"欧洲炼油厂"之称；钢产量居欧洲第二；塑料工业、拖拉机制造业、电力工业等也位居世界前列。工业产品有1/3以上供出口，主要由伊利、埃尼和埃菲姆三大国营财团掌握。

二战后，意大利经济高速增长，在当时仅低于日本、德国的经济增长速度，被西方媒体称为"阿尔卑斯山南面的奇迹"。意大利在1957年和法国、德国、荷兰、比利时、卢森堡五国共同成立了欧洲经济共同体。

意大利是历史悠久的文明古国，是古罗马文明和欧洲文艺复兴的发源地，拥有大量文物古迹和艺术瑰宝。古罗马先后经历王政（前753—前509）、共和（前

509—前27）、帝国（前27—476）三个阶段，存在长达1200余年。共和时期，古罗马基本完成疆域扩张；帝国时期，成为以地中海为中心，跨越欧、亚、非三大洲的大帝国。962年至11世纪，意大利北部和中部成为日耳曼民族神圣罗马帝国的一部分，而南部则为拜占庭领土，直至11世纪，诺曼人入侵意南部并建立王国。12—13世纪在意大利的神圣罗马帝国统治瓦解，分裂成许多王国、公国、自治城市和小封建领地。14世纪，人文主义和文艺复兴运动在意大利兴起，16世纪在欧洲广泛传播。15世纪末至16世纪中期，法国和西班牙争夺亚平宁半岛斗争激化，导致了持续数十年的意大利战争。从16世纪起，大部分领土先后被法国、西班牙、奥地利占领。1861年3月意大利王国建立。1870年王国军队攻克罗马，最终完成领土统一。

在民间流传着这样一句谚语："罗马非一日建成。"这句谚语告诉人们，辉煌的命运、灿烂的文化和曼妙的风景都不是一蹴而就的，而是日积月累的结果。

关于罗马城的由来，流传着一个动人的传说。相传罗马城是由孪生兄弟罗慕洛和勒穆建立的，他们是希腊神话中特洛伊英雄之一伊尼亚的后代。在希腊人攻陷特洛伊城的时候，伊尼亚带一部分人逃出来，经过艰苦漫长的漂泊辗转来到意大利半岛。伊尼亚的儿子在这里修筑了亚尔巴龙伽城，当上了国王。历经15

代，王位传给了努米托。努米托的弟弟阿穆略阴谋夺取了王位。阿穆略怕努米托的后人报复，便杀了努米托的儿子，逼迫努米托的独生女儿西尔维亚做了贞女塔的女祭司。女祭司必须保持终身的童贞，不得结婚。阿穆略把侄女西尔维亚囚禁在一座孤塔之中。但是战神马尔斯却来到塔中，与西尔维亚相爱了。西尔维亚生下一对双生子。阿穆略得知后，急忙命人将孪生兄弟扔到台伯河。然而两个男婴并没有被淹死，他们随着河流漂到岸边，被一只母狼发现，母狼用自己的乳汁救活了这对双胞胎。后来，一个牧人发现了这小哥俩，将他们带回家并把他们抚养成人，给他们取名，一个叫罗慕洛，另一个叫勒穆。两个孩子在牧人的教导下，茁壮成长并练就了一身好武艺。最后，他们领导亚尔巴龙伽人起义，推翻了阿穆略的统治，使努米托重登王位。

　　但兄弟俩并没有留在亚尔巴龙伽城，他们在昔日遇救的地方另外建起了新城。新城以谁的名字命名及由谁来统治？兄弟二人决定听从神的安排。勒穆首先在自己的占卜地看到6只秃鹫飞过，就宣布神选择了他；可罗慕洛却在这时看到12只秃鹫飞过自己的占卜地。于是，两人争执起来，勒穆坚持说自己先见到秃鹫，罗慕洛则坚持说飞过自己占卜地的秃鹫最多。两人争执不下，继而拔剑格斗，罗慕洛杀死了勒穆，用自己的名字将新城命名。"罗马"(Rome)即是"罗慕洛"(Romulus)读音演化而来的。这场格斗发生在公元前574年，一般被认为是古罗马纪年的开始。尽管这是一个传说，今天的意大利人依然相信罗马城是罗慕洛兄弟用生命和智慧建成的，依然铭记并传承着这种精神与气节。

除罗马之外，意大利还有堪称世界最浪漫的城市之一的威尼斯。威尼斯位于意大利东北部，是威尼托地区的首府，世界闻名的历史文化名城，其建筑、绘画、雕塑、歌剧等在全世界有着极其重要的地位和影响。威尼斯市区涵盖意大利东北部亚得里亚海沿岸的威尼斯潟湖的118个岛屿和邻近一个半岛，更有117条水道纵横交叉。由此，威尼斯的风情总是离不开水，蜿蜒的水巷，流动的清波，宛若脉脉含情的少女，眼底倾泻着温柔。它有"因水而生，因水而美，因水而兴"的美誉，享有"水城""水上都市""百岛城"等美称。

威尼斯也是威尼斯国际电影节的举办之地。威尼斯国际电影节创办于1932年，是世界上历史最悠久的电影节，即世界上第一个国际电影节，号称"国际电影节之父"。在电影黄金年代（20世纪30—60年代），威尼斯电影节是诸多电影大师的摇篮，中国电影也在此取得不凡的成绩。威尼斯电影节为中国电影走出国门、走向世界提供了平台。1992年，张艺谋凭借《秋菊打官司》获得第49届威尼斯国际电影节金狮奖；1999年，他又凭借《一个都不能少》获得第56届威尼斯国际电影节金狮奖，成为威尼斯国际电影节史上第二位双金狮导演。现在每年威尼斯电影节都能见到中国电影人的身影，这些电影人与威尼斯电影节的完美融合为中国和意大利的文化交流搭建了一座桥梁，让世界领略意大利电影节文化的同时，也关注到了中国文化。

意大利最为人所称道的是它的建筑文化。建筑又被人称作"凝固的音乐"。在意大利，可以看到各种风格的名胜古迹，拜占庭式、罗马式、哥特式、巴洛克式及古典主义的经典建筑令人眼花缭乱。拜占庭式教堂建筑的特点主要是，圆拱门，圆顶，十字形布局，为了特意寻求装饰效果，采用稀缺的大理石材料，雕刻装饰、镶嵌工艺十分精致，其主要代表建筑是威尼斯的圣马可大教堂。罗马式的建筑特点是线条简单，造型厚重，其中有些建筑还体现出封建城堡的特点，其代表建筑有比萨教堂等。哥特式的建筑是由罗马式风格发展而来，整体风格高耸瘦削，并且带尖，哥特式建筑对于研究教会文化有着很大的帮助。

中国和意大利同为世界文明古国，在相当漫长的历史时期内，古代中国和西方世界的交往，多是以中国和意大利两个民族的交往为先导的。东汉时期，大秦王安敦遣使来华，拓展了中西商业贸易的交流，世界上中西两大文明板块得以初次交接；蒙元时期，罗马教廷派遣使节及传教士入华，推进了中意交流的步伐，加深了中西间的认识与了解。《马可·波罗游记》记述了马可·波罗在中国的见闻，更是激起了西方对中国及远东的向往和关注，对以后新航路的开辟产生了巨大的影响，并由这种地理大发现进而导致了新的世界格局之确立。明末清初，大批意大利籍传教士来到中国，他们将"天主福音"与西方先进的科学文化一并传入中国，为中西文化交流做出了不可磨灭的贡献。

1949年新中国成立后，尤其是改革开放以来，在和平共处五项原则的基础上，中国和意大利两国间的关系更是朝着健康、有序的方向积极迈进。

1964年11月30日，中意两国在罗马签订互设民间商务代表处协议，1965年初，双方互派商务代表。1970年11月6日，两国正式建交。建交以来，两国在各个领域的友好合作关系发展顺利。特别是近年来，两国高层互访增加，政治互信不断加强，双边关系得到进一步发展。

如今，两国友谊将重新焕发生机。2017年2月24日，意大利总统马塔雷拉在复旦大学演讲时表示，中国提出的"一带一路"倡议是全世界新的发展机遇，"一带一路"沿线国家和地区都会从中受益，意大利愿意积极参与其中，并进一步发掘与中国的合作潜力。马塔雷拉表示，在近千年的历史长河中，中国都是世界的"栋梁"，今日借助"一带一路"，中国将更好地扮演这一角色。马塔雷拉强调，此次访问中国的中心议题是进一步拓展中意两国人民的交往，相信"一带一路"倡议的实施，将为中意、中欧的民众交往提供新的可能，进而书写新的篇章。马塔雷拉在演讲中引用中国古代先贤管子的名言："一年之计，莫如树谷；十年之计，莫如树木；终身之计，莫如树人。"他说，知识应该成为今天"丝绸之路"合作的新内涵，大学生代表着未来，未来必将成为实施"一带一路"倡议的中坚力量。

目前，"一带一路"再次将古老的中华文明和古罗马文明连接到一起。作为古罗马文明和欧洲文艺复兴的发源地，意大利是当之无愧的文明古国。当时，文艺复兴只是一个点，却在很多著名人物的影响下，逐渐拓展到整个欧洲，其影响之广，规模之大，令人惊叹。这些人有：被尊称为"意大利独立之父"的朱塞佩·马志尼；意大利统一运动的领导人物迪·加富尔伯爵；欧洲的首个中国通马可·波罗；一路跋涉，勇作中西交流先驱者的传教士利玛窦；以长诗《神曲》留名于世间的伟大诗人阿利盖利·但丁；文艺复兴时期的第一位巨人达·芬奇；意大利艺术领域的旷世奇才米开朗基罗；前无古人后无来者的绘画大神拉斐尔·圣齐奥；开创近代实验科学的战士伽利略·伽利雷。这些历史名人，用他们的独特魅力为意大利这一古老国度增添了无数的风采，更为我们今天的交往和彼此的发展开辟了道路。在 21 世纪的今天，我们渴望创造更加美好的生活，努力推进"一带一路"的建设。让我们从了解这些历史名人开始，重新认识一个不一样的意大利，体味认识中西文化交流在人类文明发展中的深远意义。

意大利独立之父——马志尼

古罗马诗人朱维纳有言:"为心灵祈祷吧,它不怕死,它把人生的目的看作一种天赋,勇于忍受各种辛劳和痛苦;什么也不能使它惶凄,它也不贪求任何东西。"

朱塞佩·马志尼(Giuseppe Mazzini,1805—1872),意大利著名爱国志士,资产阶级革命家,民族解放运动领袖,意大利建国三杰之一(另两位是撒丁王国的首相加富尔和号称"两个世界的英雄"加里波第)。他出生于意大利热那亚,14岁进入热那亚大学学医,后转学法学。1827年大学毕业后以律师为业,并为进步刊物撰写文章。1830年加入烧炭党。

朱塞佩·马志尼画像

1831年8月在马赛建立青年意大利党,积极进行反抗奥地利统治的革命斗争,希望把意大利联合成为一个自由、独立、统一的资产阶级民主共和国。列宁把他归为马克思主义以前的非无产阶级社会主义的代表人物。

虽然在马志尼的有生之年,他并没有看到自己为之苦苦奋斗追求的意大利共和国的建立,但在历次革命宣传、起义中,他身体力行,把自己关于权利、责任的观点竭力贯穿其中,对当时的意大利统一运动和其他战友的革命实践起到了极大的鼓舞推动作用。

1. 勇于"思想和行动"的人

有人曾说,马志尼是预言家,的确是这样,他曾预言了意大利的统一。在马志尼身处的时代,人们处于经济和思想上的匮乏时期。马志尼通过对社会大环境的认识和发现,并通过自身实践,希望能使自己的预言变为现实。马志尼曾主张同君主制度作斗争，但是事实证明，这样做不符合实际，屡屡受挫。后来他制定新的纲领，想利用集会、结社和新闻出版等合法手段进行革命斗争，"博爱社"就由此而来。这个组织不断发展壮大，演变成共和势力联盟，也就是今天意大利共和党的前身，这个组织一直发展至今。

1805年6月22日，马志尼出生于意大利热那亚的一个普通家庭。当时的意大利正处于拿破仑的统治下，人民饱受剥削，生活困苦，民主、自由、富庶对于普通人来说遥不可及，封建制度弊端重重，即使后来拿破仑帝国覆灭，意大利人民也没有迎来光明和希望。因为意大利又处于奥地利的直接和间接统治之下，封建专制制度全面复辟，意大利全境分裂成8个国家，这让本就苦不堪言的民众更加绝望。严酷的剥削，残忍的刑法，沉重的民族压迫，在这样环境中成长的马志尼，把独立统一和自由平等作为毕生理想，并在随后的日子里不懈努力、亲身实践，以实际行动来努力实现这一理想。同时，由于他的父亲曾在拿破仑统治时期，参加过建立利古里亚共和国、捍卫意大利统一的政治活动，母亲以及两位启蒙老师都是与共和民主运动有密切联系的冉森教徒，他们的亲身回忆和行动都对马志尼政治信仰的形成产生了很大的影响。因此，他从小就受到爱国、民主思想的熏陶，这让他有着异于常人、前卫激进的思想。

1819年，马志尼进入热那亚大学学医，后来转学法律。1827年大学毕业，从事律师职业，并为进步刊物撰写文章，有志成为戏剧家或历史小说家。在1827年至1830年期间，马志尼分别接受了维科和盖尔得尔的观点。这两位法国思想家和民主主义作家关于"进步"的思想，以及关于向前看而不是向后看的历史观给马志尼带来积极的思想启蒙。法国史学家基佐（François Pierre Guillaume Guizot）关于意大利历代思想家没有把理论和实践结合起来的见解，也对马志尼的政治观点以及世界观、人生观和价值观的建立和发展具有重大的影响。在他们的影响下，马志尼提出了"思想和行动"的口号，秘密参加了革命组织烧炭党。

烧炭党人热衷于密谋、领导所谓的"起义"，如1820和1821年在两西西里王国和皮埃蒙特(撒丁王国的大陆部分)的起义，但这种活动是脱离人民的、纯粹军事密谋性质的，加之力量与奥地利军队相差悬殊，很快就被镇压了。这种没有明确纲领、脱离了意大利现实的行为，使烧炭党陷入了深刻的危机之中。

入党后的马志尼信心倍增，和别的烧炭党成员一样，大家在一起热衷于策划各种军事活动，但是这些行动既不成熟也不完善，这让马志尼无法接受，他决心改变这个组织。可是，没等马志尼着手改造，他们的活动就因被举报而终止。1830年11月,他被捕了。3个月后,马志尼因罪证不足而获释,但当局规定:要么出国流亡,要么隐居到撒丁王国一处偏僻的地方且永远不得离开。马志尼为了心中的理想毫不犹豫地选择了流亡生活。

朱塞佩·马志尼画像

2. 流亡的革命家

1831年2月,马志尼开始了流亡,他首先去的是法国。8月,他在马赛成立了青年意大利党,宗旨是发动革命起义,推翻奥地利封建统治,建立一个自由、独立、统一的资产阶级民主共和国。1831年9月27日,对于当时的意大利而言,是一个重要的日子,因为这一天是马志尼考虑建立"青年意大利"的日子。"青年意大利"对于许多人来讲,是历史的记忆,对于马志尼而言却十分重要,该组织区别于之前的烧炭党,这是一个全新的组织。它的创立结束了派别林立的时代,开启了现代政党的新篇章。该组织有着严密的组织纪律,更在入党和筹资方面有着详细规定,并且制定了政党纲领。政党成立后,便进行了紧张的宣传和鼓动,开始了纳新活动,吸收了马志尼的所有支持者,人们的革命斗争积极性空前高涨。

马志尼曾在《青年意大利宣言》中写道："1831年，意大利各地的起义，使'青年意大利'同过往彻底决裂。"这是马志尼一生锲而不舍追求的事业。马志尼一直试图推翻封建君主专制制度，却始终未能实现。马志尼一心想发起一场自下而上的起义来拯救国家，拯救人民，却不知人民虽然生活在饱受苦难的国家，可思维却早已根深蒂固。群众基础薄弱的现状始终未曾改变，即使有了"青年意大利"，除了他思想的拥护者外，行动的支持者依然少得可怜，而这些，马志尼似乎从未意识到。从"青年意大利"到"青年欧洲"的路走得并不顺利，但马志尼不断学习，不断充实。

1833—1834年，教皇国到处驻扎着法、奥军队，在其他国家，革命军的力量也无法同政府力量相抗衡。在这种情况下，1833年7月，马志尼决定在撒丁王国的热那亚发动起义。他派人到军队中秘密组织革命军时，被一名军士揭发，起义还未开始便宣告失败，多人被捕殉难，许多革命者逃亡国外，马志尼虽然逃走，但仍被缺席判处死刑，"青年意大利"瓦解。马志尼从马赛辗转到了日内瓦，他打算从侧面攻入撒丁王国，首先远征萨伏依，同时委托加里波第到热那亚去策划王国海军起义。他好不容易聚集的200名远征者，到1834年2月时，只剩下了寥寥数人，潜入萨伏依的起义军被宪兵击溃，热那亚海军起义计划也以流产告终。在事态发展的整个过程中，人民群众和资产阶级都没有行动起来。

1834年4月初，马志尼从日内瓦出发东行，穿过瑞士大片领土，到达了伯尔尼。此次出行，马志尼有这样一个打算，就是把瑞士境内来自欧洲各地的众多流亡者联合起来，利用此次大好机会，先建立各民族自己的联合组织，然后再通过签订欧洲联合条约，把这些组织联合为统一的组织。后来他提出了广泛的革命计划，建立"青年欧洲"运动，并协助建立"青年德意志""青年瑞士"和"青年波兰"。

1834年4月15日，马志尼抵达伯尔尼之后不久，"青年波兰""青年德意志"就与"青年意大利"组成了"青年欧洲"。此时签订条约的各方代表分别有7名意大利代表，5名日耳曼代表和5名波兰代表，但全部资产金额竟然不超过7个法郎。"青年欧洲"作为第一个欧洲主义组织，马志尼发表了第一份宣言，即《致意大利青年》。呼吁书写道："整个欧洲在19世纪将走向何处？我们的未来将会怎样？组织经过不懈努力，对此作了回答，这就是建设一个'青年欧洲'。我们将高举崭新的'平等'旗帜，为反对'老朽的'特权而斗争。在反对旧势力的斗争中，新思想必胜。"马志尼不再是一个人奋斗，有了各国有志之士的加入，不仅壮大了队伍和力量，而且让马志尼的思想和主张更广泛地为人们所认识，马志尼的思想主张走上了国际化大舞台，革命轰轰烈烈地展开了。

马志尼对于意大利而言，无疑是至关重要的，作为意大利杰出的思想家、作家、革命家，他把毕生的心血投注于祖国的解放事业。作为一个从小就接受家庭熏陶并被激发了强烈爱国主义情怀的思想家，他的思想可能不完善，但是，他的出发点却始终以国家、人民为主，意大利和马志尼似乎被永久地联系到了一起。时光流逝，岁月如歌。尽管社会历史在不断向前发展，但是，马志尼以及其拥护者曾经为国家和人民做出的贡献，却永久地书写在史册上，留在人民的心里。

1837年，马志尼流亡伦敦，生活非常贫苦。他在不列颠博物馆从事研究工作，并为几家杂志撰稿。虽然生活清贫，他仍为侨居伦敦的意大利儿童开设学校，创办《人民使徒报》，在该报发表了《论人的责任》。

在生活中，马志尼是一个严于律己的人，他给自己制定了严格的作息时间，并认真遵守，也会定期换洗衣物，清洁身体，保持规律的作息。即使在被软禁和流放期间，他也不因外界环境的改变而对自己疏于管理，即使在简陋艰苦的环境下，也让自己看起来干净整洁、精神饱满，即使处于逆境马志尼也没有放弃自我，而是不断提升和完善自己的思想境界。

马志尼从不因身处困境而放弃革命志向。1840年，他宣布重建"青年意大利"，旨在唤醒意大利人民的革命意识。1844年，意大利卡拉布里发动起义，但很快失败，起义领袖班迪耶拉兄弟被处死。马志尼怀疑英国政府派人偷窥他与班迪耶拉兄弟的密信，将起义计划告知那不勒斯当局。这件事在英国议会中掀起轩然大波，最终英政府承认此事。1847年，他创建"国际人民联盟"时，得到了许多英国自由党人的支持。

3.罗马共和国的失败

1847年，马志尼创建"国际人民联盟"时，正值意大利民族解放运动的高潮时期，各个阶层争取独立、统一的呼声越来越高。1848年革命期间，马志尼回到米兰，主办《意大利人民报》。为了加强革命力量，争取早日独立，他联合了教皇庇护九世和撒丁国王卡洛·阿尔贝托的力量。早在1847年9月初，马志尼就写信给教皇，请求他担任独立运动的领导人。1848年，马志尼又准备与撒丁国王合作。

1849年2月9日，罗马制宪会议宣布罗马共和国成立，马志尼被补选为制宪会议代表。3月5日，马志尼要求将全国军事力量全部用于反奥战争，但对于农民被奴役的行为却未加干涉。3月29日，根据制宪会议决定，成立了以马志尼为首的、拥有最高权力的三执政政府。此后，他实行了一系列的资产阶级民主改革，如将教团的全部动产与不动产收归国有，取消教会法庭，建立世俗法庭和降低进口关税等。

罗马共和国成立时，欧洲革命已经衰落，法国、西班牙、两西西里王国和奥地利等国害怕革命会蔓延到自己国家，便决定对罗马共和国展开武力干涉。1849年4月25日，法国首先侵入罗马。4月30日，6000名法军发起攻城，守城的加里波第部队和志愿军击溃法军，并追至20公里外。马志尼不想同法国政府撕破脸，于是命令加里波第停止追击，返回罗马。法军为了赢得增援时间，提出与罗马共和国谈判。

这时，两西西里军队也进行了入侵，加里波第部队击退敌人，并追至敌国边境上。马志尼担心这种形势影响同法国政府的谈判，再次召回了加里波第。没多久，法国援军到达，法国政府立即撕毁了停战协定，向罗马重新发起进攻。6月21—22日，法军攻破了罗马共和国的第一道防线，加里波第部队不断向敌人反击，但是士兵们已经疲惫不堪，战斗力急速下降。在这种情况下，马志尼下令收复失地，加里波第反对，并建议组织千人队伍偷袭敌军后方，马志尼拒不采纳。于是，两人产生了分歧。6月30日黎明，法军集合力量发起总攻，攻破了罗马第二道防线。就这样，英勇的共和国保卫战失败了，马志尼被迫再次流亡国外。

1850年，马志尼领导的欧洲民主派中央委员会在伦敦成立。1851年，马志尼建立了意大利之友社，该组织于1852—1853年先后发动了伦巴第反奥起义和米兰反奥起义，反抗奥地利对意大利的统治。

1853年2月6日，这天是狂欢节最后一个礼拜天，全城的人都在疯狂地饮酒、跳舞、欢庆节日。突然，一群手持武器的起义者，从拉斯特雷利大街的大门冲进了米兰王宫。这些人正是马志尼策划的一次起义活动的参与者。在这场起义中，主力人员是手工业兄弟会成员。活动的起因是"贝尔佛雷"的牺牲者血迹未干，人民愤懑不已，革命斗志旺盛，所以展开了一次小规模起义。马志尼的信徒事先安排好机械师的行动计划，但他们事到临头，却纹丝未动，前方的战况信息迟迟不见传来，这让远在卢加诺的马志尼心里更加煎熬。不久后，起义宣告失败，马志尼计划的武装斗争没有成功，惨败的结果让他久久不能接受。究竟是哪里出了错？让他准备好的一批枪支弹药变成了匕首、小刀和短剑？那些忠于共和制理想、纯洁而无畏的斗士，拥有骑士气概和非凡才能的人，怎么就在战场上为了赏钱和名利争斗不已？起义的幻想彻底破灭，曾与马志尼并肩作战的许多优秀领导人，比如西托利、麦迪奇等都与马志尼关系破裂。最终，民众行动时期宣告结束，意大利民族委员会宣告解散。

这次起义失败后，人们对马志尼的责怪接踵而来，不绝于耳，他们将这次起义的失败都归咎于马志尼，小佩里科在这次起义中牺牲，他是一个家庭教师，天主教徒，性格温和，勇于斗争，极具传奇色彩，拥有很好的群众基础，因此他的牺牲让大家不能接受，这把马志尼推到了风口浪尖。马志尼变成了人们口中的"卑鄙无耻之徒"。这次起义是马志尼一生发动的数次起义中结局最惨痛的一次，但是对那个时代的革命斗争仍然产生了积极的促进作用。

作为一个革命者，不能把国家改造成自己理想中的样子，难免让人气馁，但是马志尼却不一样。在他的一生中，无论是身处烧炭党，还是"青年意大利"，他都用自己最大的热情努力去达成目标。他在起义中慷慨激昂地宣传理想和目标，尽管同伴并没有完全理解他，但都给予积极的回应，这让他十分欣慰。他认为，不管是否所有人都会作出同样的回应，只要大家齐心协力，共同奋斗，那么国家的独立自主、人民的权利和幸福就指日可待。

马志尼的著作思想影响着当时的意大利人，让意大利人认识到，革命的机会来了，新的篇章要开始了，马志尼的思想广为流传，受到人们的推崇。

马志尼反对天主教，他反对教会的愚民行径，他把教皇与君主制联系到了一起。尽管在起义中，教皇也曾经帮助过他，但他反对传统天主教会的信念却从未停歇。在国家建设方面，马志尼认为"国家是为道德而存在的"，并且把道德上升到国家层面，他认为道德的来源是责任，而国家的责任就是保证人民的自由。这也是马志尼一生的追求。

在街头，人们纷纷议论马志尼的思想、马志尼的起义，人们一度陷入对他的狂热崇拜之中，由他提出来的自由理念是那么让人向往。同时，马志尼也是一个民族观念很强的人，他致力于把"青年意大利"发展为"青年欧洲"，他一生奔波，始终致力于国家和民族的融合。

马志尼的这些思想理念对于当时的人来说十分先进，但并不是所有人都认可。他致力于救国救民，但是对于不支持他理论的人来说，他并不是流亡者的理想领袖。例如，马志尼的想法就无法受到马克思的认同，还遭到了马克思和恩格斯的全盘否定，他一直推崇的思想理论，在他们看来十分愚蠢，一次次起义在他们看来毫无意义。1852年3月30日，马克思在写给恩格斯的信中，用最为辛辣挖苦的语气说道："正是当年那个已经当了两年民主教会教皇的马志尼先生……"

在1848—1849年大革命之后，马克思和马志尼都在伦敦避难。在一次聊天中，两人对自己的观点进行

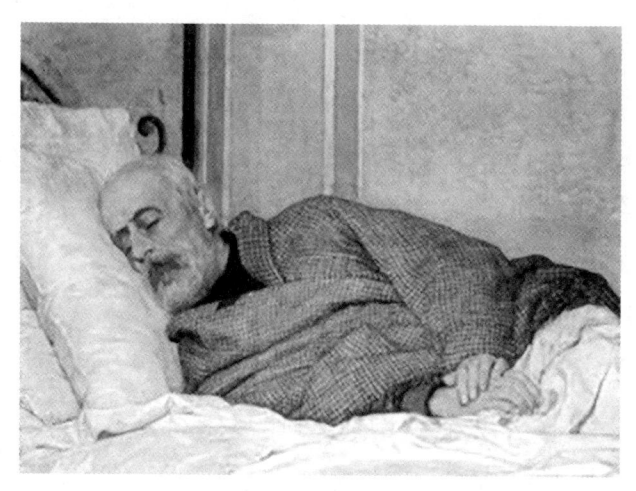

朱塞佩·马志尼画像

了阐述沟通。面对失败和挫折,马志尼没有气馁,反而越挫越勇,准备同伦敦的民主人士一起进行革命,斗争到底,不与君主制做任何妥协。然而,马克思和恩格斯对此却有着截然不同的观点,受时代背景的影响,马克思和恩格斯一致认为:此时发动任何革命都不太可能成功,为了人民的生活,要联系实际情况,争取在保护人民的前提下进行改革。这样一来,马志尼的诉求和马恩的思想观念便从根本上发生了冲突。

马克思极不赞成马志尼的想法,两人的分歧越来越大,在每一个问题上都意见相左。比如,马志尼说的是人民,马克思说的是无产阶级;马志尼说教养,马克思说自身的觉悟;马志尼说联合主义,马克思讲阶级斗争;马志尼说民主,马克思讲人民专政;马志尼说机遇，马克思讲无穷变化的历史辩证观点……这样的分歧让马克思不赞同马志尼的任何一个观点，甚至从心里厌恶这个"万恶的鼓动者"。当1864年国际工人协会成立的时候，马志尼试图以他的观点来指导国际工人运动，遭到马克思主义者的驳斥。因此，马志尼便同国际工人协会断绝了关系。为了抵制国际工人协会对意大利工人运动的影响，他开始诽谤国际工人协会和巴黎公社，反对马克思主义在意大利的传播。所以恩格斯对马志尼的言论进行了批判，指责他反对无产阶级革命的一贯立场。

有一次，在谈到加里波第在美洲指挥的一艘商船时，恩格斯以嘲笑的口吻说道，这艘船代表着"意大利—匈牙利的太平洋舰队"，意大利的革命"就思想贫乏和空话过剩而言，远远超过德国"。他们对马志尼的批判直到意大利完成了复兴运动之后也未消失。在1864年，当流亡的各民主党派领袖拟制定第一个《致劳动者宣言书》时，马克思唯一的坚持就是，有些词句和提法很容易让人想到马志尼的联合主义、改良主义和进步主义的民主派理想，而这些都必须删去。

对于马志尼的许多思想主张和口号，当我们把它们放进特定的历史条件下，不难发现他的想法确有很多幼稚和不成熟之处，但他寻求国家统一、建立共和的基本思想、他的革命激情和斗争精神诚有很多可取之处，并且具有很大的影响力。就马志尼个人而言，他并不擅长于组织，起义多以失败告终。但是，瑕不掩瑜，这位伟大的意大利思想家、革命家的精神值得后世的每个人去学习。

4. 伟人最后的迷茫

1850年，马志尼在伦敦建立欧洲民主派中央委员会时发表宣言，提出以进步、联合、道德规律，自由、平等、友爱，私有财产的神圣性，向人民提供贷款和教育等原则，作为全欧民主派联合的基础。

这种忽略阶级斗争和各阶层利益实现民主联合的宣言遭到了马克思和恩格斯的尖锐批评。事实上，各国民主派在宣言原则和委员会人选上发生了严重的分歧，到1851年12月，委员会已形同虚设了。

1851年，马志尼建立意大利之友社，该社以反奥战争和召开意大利制宪会议为手段领导革命起义，但他还是没能将民族解放运动和社会解放斗争结合起来，脱离了革命的本质。

19世纪50年代，马志尼发起的几次意大利独立革命都带有驱逐异族的目的。在1852年的伦巴第反奥起义失败后，许多爱国志士惨遭奥地利政府军捕杀，革命组织被彻底破坏，马志尼遭到负责起义的军委会的批评，但仍拒绝了他们提出的改变国外起义的方法。

1853年1月，马志尼不顾内部分歧的不利局面，又筹划了米兰平民起义，他本人也来到伦巴第与瑞士的边界，准备胜利后立即进入伦巴第。2月6日，起义军向奥军发动进攻，并号召居民起来反抗，但是起义军军力有限，奥军很快将这支小小的队伍打败。米兰起义失败后，马志尼又陆续筹划了在伦巴第－威尼斯王国的几次起义，但是由于人数太少，多则近百人，少则几十人，每次均告失败。

1857年，马志尼筹集经费，远征萨普利，直指两西西里王国的波旁王朝，不幸的是中途遇上风暴，被迫返回；没过多久，马志尼再次带领一支300人的队伍远征，当他们到达萨普利的时候，当地秘密组织并未响应，人民也反应冷淡。当局政府立即采取了镇压措施，远征军宣告失败。

起义军连续失败，使得马志尼失去了意大利解放运动的领袖地位。他对1859年收复伦巴第的第二次反奥战争，1860年推翻波旁王朝的西西里远征和1866年收复威尼斯的第三次反奥战争都没有产生直接的政治影响。但是，"谁也不会否认30年来意大利革命是同他的名字连在一起的，而且在这同一时期欧洲承认他是他的同胞的民族愿望的出色表达者"。

马志尼在意大利解放运动中的重大作用不可否认，

但同时，他对国际工人运动也带来了很大的危害。1864年，国际工人运动协会成立，马志尼想要领导工人运动，但其观点遭到马克思的驳斥，马志尼遂与国际工人运动协会断绝了联系，并坚决抵制其在意大利的影响，反对马克思主义，污蔑国际工人运动协会和巴黎公社。因此，恩格斯对马志尼反对无产阶级革命的言论进行了公开批判。不能接受不同的思想是马志尼身上最为显著的弱点，而这一点，马志尼似乎没有意识到，他没能接受马克思和恩格斯对他的批判，即使经过数次起义的失败，他都没有及时作出总结。马志尼的思想观念都过于理想化，最终都无法实现。

1872年，马志尼逝世于意大利的比萨城，终年67岁。马志尼作为意大利独立三杰之一，是无可否认的"意大利独立之父"。穷其一生的追求和探索，只为早日实现国家的独立和人民的自由。在他的探索中，道路崎岖艰难，人生跌宕起伏。

马志尼为了实现民族统一，创立"青年欧洲"，一直致力于联合整个欧洲。根据马志尼的初步计划，应当把瑞士改造成为一个"阿尔卑斯联邦"。直到现在，瑞士依然是一个没有真正的中央政府、只是把各州简单组合在一起的邦联式国家。

马志尼认为自由应该通过合作来实现，没有合作，自由就毫无意义，既然国家是为自由而存在的，国家就应该鼓励合作。但是马志尼的合作观亦带有明显的缺陷，参与合作的人不受任何约束，这种绝对自由的思想只会导致合作的分裂与解体，导致自由的丧失。马志尼终其一生也没能注意到绝对自由思想的危害性。

马志尼的自由主义把教育自由排除在外，他认为教育并没有自由可言，国家应该对教育施加大规模的干预。在马志尼眼里，教育的核心是道德教育，所以，他将教育视为国家应当承担起的一个重要责任。马志尼没有发现自己这一套教育理论的巨大缺点：一旦教育遭到政府的大规模干预，教育就会迅速政治化，政治化极强的教育只会成为一种统治工具而无道德可言；他更没有看到教育自由与人身自由之间的关系，教育自由的丧失最终只会导致人身自由的丧失。

马志尼一直在强调自由，但其思想当中却暗含了诸多破坏自由的因素。关于国家整体的问题，马志尼一直是坚定的共和主义者，但他很大程度上误解了君主立宪制，他并不认为这是一种民主的制度，因而自始至终没有想过将意大利改革为一个君主立宪制的国家也许更具有可行性，他并没有看到改革一种制度比创新一种制度要可行容易。这就是他终其一生进行的反君主运动毫无结果的原因。

马志尼一直为推翻君主制，实现共和制，为人民的自由而努力奋斗，虽然他的一些思想观念在一定程度上阻碍了意大利的独立进程，但无可否认他对意大利革命运动正面积极的巨大影响。

"青年人啊，热爱理想吧，崇敬理想吧。理想是上帝的语言。高于一切国家和全人类的，是精神的王国，是灵魂的故乡。"这是马志尼曾经说过的一句话，也是马志尼一生追求的浓缩。在他的身上背负着国家独立和人民自由的重任，他为理想而奋斗的过程也是意大利在独立道路上一段耀眼的征程。

意大利国父——加富尔

英雄是时代的弄潮儿,是社会的领头羊,是能在关键时刻将历史的车轮加速向前推进的人。卡米洛·奔索·迪·加富尔伯爵就是这样一位伟大的历史英雄。

卡米洛·奔索·迪·加富尔(Camillo Paolo Filippo Giulio Benso,1810—1861),撒丁王国首相(1852—1859、1860—1861在位),意大利王国第一任首相(1861年在位),意大利统一时期自由贵族和君主立宪派领袖,开国三杰之一,加富尔出身于撒丁王国的古老贵族,却自小叛逆,为了自立自强,他在多个领域,如商业界、农业界和银行界做出

卡米洛·奔索·迪·加富尔伯爵画像

显著的成绩。1842年，加富尔开始转向政界，当选为撒丁王国第一届众议院议员。1852年2月，正式出任财政大臣。他是自由贸易的提倡者，出任财政大臣期间，对国内的经济贸易以及工农商业做出了极大贡献，改善了国家财政情况，提高了人民生活水平。

1852年11月，加富尔出任首相。1860年3月，他第二次出任首相，并领导人民建立意大利王国，以出色的外交手段为国家争取了独立。他是开国三杰之一，被称作意大利"国父"。

1. 叛逆的富家子弟

1810年8月10日，加富尔伯爵诞生于意大利都灵市。他的家庭是撒丁王国一个古老的贵族，父亲年轻时在都灵市做了12年的警察局局长，而他的母亲是真正意义上的贵族小姐。贵族家庭的孩子起名字都是大有讲究的,"加富尔"这个名字自然也是典故颇多。早在1649年他的家族便已经被授予加富尔城堡和侯爵称号,为了突出这份荣誉和贵族气质,他的家人便把这称号加在了他的名字里。加富尔从小便和在日内瓦的母系亲属走得很近。母亲有姐妹三人,两个姨母对他照顾有加。加富尔小时候总喜欢黏着母亲和两位姨母,因为她们温柔细腻,给予加富尔不一样的温暖,不似终日忙于工作的父亲和总是欺负自己的哥哥。从小他就觉得自己与整个家庭格格不入,只要有空,他就会让两个姨母讲故事,或者看着她们在阳光下弹琴、插花和读书,这里的气氛远比家中轻松得多,两个姨母的照顾让加富尔感受到家的温暖。

虽然有着如此显赫的家世,但对于加富尔来说,他的童年甚至整个青年时期都过得不甚如人意。因为出生在这样一个贵族家庭,有着种种束缚。平常人家吃饭时的其乐融融,他更是从未体会过。在他的家里,一家人吃饭时,每个人的座位有严格的规定,从不曾改变。即便后来加富尔地位显赫,在进餐时依然待在只属于次子的位置,坐在首位的是他的长兄。一家人用法语来沟通,而对仆人与工匠则说撒丁国语。据说这是一种时尚,只有这样才能体现一个有教养的贵族家庭的尊贵身份,才能有别于那些卑微的仆人奴隶。加富尔极其厌恶这种等级森严、长幼尊卑的秩序。他觉得，这种秩序似铁笼一样无法逃脱。吃饭时，他如坐针毡，恨不得马上离开饭桌。他也根本不喜欢法语，更不喜欢一家人恭谨作态地围在一起，这都是让他无法忍受的。

从小生活在这种"有秩序"的成长环境中的加富尔，却有着一种叛逆性格。他渴望逃脱贵族家庭的牢笼，去过自己想要的生活；他渴望去姨母口中那个满满绅士范儿的国家；他渴望跳出现有的圈子，去更大的世界看看。自青年时代起，加富尔对周围这种呆板的礼仪越来越反感，他觉得眼前的这一切，好像是演员千篇一律的、戴着面具的表演。他觉得身边的人都那么虚伪，家族内外的交往好像就是赤裸裸的金钱关系，严格的等级制度束缚了正常的人际交往。尽管如此，内心的不屑还是敌不过舒适安逸的享受。加富尔享有安逸幸福的生活，依然颐指气使，即便不努力也能拥有较高的社会地位。

在这种氛围中，加富尔慢慢长大了。老加富尔侯爵过早地为不满10岁的小加富尔在卡洛·阿尔贝托亲王那里安置了一个近侍职位。卡洛·阿尔贝托亲王是未来的国王，老加富尔侯爵是为了儿子的前程才这样安排的。可怜天下父母心，但小加富尔根本不理解父亲的苦心，心里反而有一种强烈的抵触。他想，国王意味着君临天下，享有至尊的权威，但这不平等的权力是建立在世俗的压迫之上的,也许国王一点都不优秀,只因投胎在王室,就可以剥削勤劳朴实的平民,剥削富裕的资产阶级,国王可谓是"天下的公敌"。由于对权力的看法有严重的分歧,小加富尔和父亲的关系变得很不融洽。

按照贵族传统,侯爵的次子必须习武从戎,于是1820年他被送进都灵的陆军大学学习。初到陆军大学的加富尔极不适应学校的生活,向往自由的少年过惯了散漫的生活,无法忍受纪律严明的日子。有一天,他鼓动要好的同学在上课时间旷课,去自己平日常去的酒馆喝一杯。同学百般拒绝,最后还是没能禁得住诱惑,跟着加富尔一起跑了出去,结果被任课老师发现,对他们进行了处罚。这只是加富尔在陆军大学的一个小插曲。年少的加富尔就这样无忧无虑地度过了在大学里的日子。1825年他获得陆军少尉军衔。1827年,他成了工兵少尉。毕业后先在都灵军团指挥部服役,后奉调到革命与共和思潮盛行的热那亚任职。直到法国爆发七月革命,曾经的少年加富尔才真正成长起来。1830年,加富尔因对法国七月革命表现出明显的热情,高呼"共和国万岁",受调职处分。

法国的七月革命,向世界庄严地宣告了民主平等的启蒙思想。这一历史事件,给加富尔以巨大的震撼:专制制度严重衰败的景象,自己在家庭中的特殊地位,和自己一向不和的国王，雨后春笋般兴起的各种新生事物，外国腥风血雨的革命浪潮，先进的工业机器设备……眼前的一切，仿佛都在尖锐地对抗着，不可协调地冲突着。处于新旧交替时代的加富尔伯爵，就像处在黎明前的暗夜之星，他炯炯有神的目光注视着前方的光明，头脑中的启蒙思想挥之不去，历史舞台的聚光灯，似乎定格在这个朝气蓬勃的年轻人身上。

1832年，为了拓宽眼界，增长见识，22岁的加富尔辞去军职，先后到了法国、英国、瑞士和比利时等地。在外游历磨去了他曾经的一身稚气，一个成熟稳重的新自我逐渐诞生。在游历期间，他认识并结交了许多著名的政治家，潜心研究政治、经济及社会问题，接受了自由主义思想。

2. 商海政界新秀

1835年，父亲要加富尔管理一部分家产，他喜不自禁，但他很清楚身为次子是没有继承权的，所以他立志要靠自己的力量培养独立的经济实力。世上无难事，只怕有心人。他之前游历各国所积累的经验在此时都派上了用场，为了尽快实现经济独立，他发愤经营农业、商业和银行业，甚至在交易所进行投机，参加冒险的赌博。不过，他最想要管理好莱里大庄园，立志要把它变成现代式的农庄。不得不说，他的眼光前卫、学识渊博、能力卓越，在他管理期间，果真把莱里大庄园变成了现代式的农庄，经济效益比别家高出好几倍！但是，加富尔并没有满足于此，他再接再厉，将自己的事业扩展到其他行业，从事铁路建筑业，帮助建立了许多公司，开办了蜡烛工厂并且做得风生水起。

卡米洛·奔索·迪·加富尔伯爵画像

　　加富尔就好像是开足马力的火车头，任何人都抵挡不住他发展的势头。年纪轻轻的他已成为都灵银行的创始人之一。经过几年的磨砺与发展，1842年，他和几位合伙人联合创办了农业协会。毫无疑问，作为一个企业家、实干家和经济专家，拥有强大经济实力的加富尔促进了皮埃蒙特和意大利经济的飞速发展。当时的他在皮埃蒙特的商业界、农业界和银行界中具有举足轻重的地位，这样的地位又为他赢得了很大的声誉。这些经历为他以后处理国家政务奠定了坚实的基础，也为他积累了相当多的政治成本。

当时，由于工业革命的推动，生产工具获得了极大的进步，生产力得到质的提升，意大利各领域随之都获得飞速的发展。此时的加富尔伯爵开始思考自己的人生方向。在经济方面，出生于封建贵族世家的他，虽然继承了一部分家产，但苦心经营的工厂和农庄，才是自己最可靠的经济支撑；在政治方面，他理所当然可以拥有伯爵称号，但他在与其他政界人物的交往中，更倾向于将自己归于新兴的资产阶级。身份地位的这种特殊性，导致加富尔伯爵对许多事件持相对进步的态度。加富尔从小就憎恶封建制度，他反对压迫人民，他希望促进意大利社会的进步，愿意为民族解放贡献一生。他反对保留贵族的特权和君主专制这种早应该被文明淘汰的制度，他支持私有制和君主立宪制，并希望借此来实现社会进步。他呼吁资产者和贵族联盟，在政治上领导人民，共同制定意大利的新秩序。凭借过人的胆识和非凡的眼光，他力排众议，参加自由贸易运动，并顶着重大的压力，为自由贸易运动的开展奔走呐喊。

经过一系列的职位变动，在1852年2月，加富尔终于正式出任撒丁王国财政大臣（撒丁王国是意大利过去的一个王国，后来的意大利在撒丁王国的基础上统一）。这就意味着他掌握了整个王国的财政大权，意味着他成为真正意义上的经济领导者。期间,他的财政政策主要有:(1)同各大国签订贸易和航运协议,一步步推行自由贸易政策;(2)发行公债,消灭预算赤字;(3)借外债修筑铁路,暂时减少国家的开支;(4)加强和扩大国家银行的业务;(5)依照宪法,整顿财政和国家核算部门的中央管理机构。因为国家开支的不断增加,他对税收制度进行了大刀阔斧的改革:(1)增设房产税、团体所得税、营业执照税、个人动产税、继承财产税等一系列税收;(2)提高直接税并相应地降低间接税,考虑到普通人民的利益而废除过分沉重的税收。

这些措施,极大程度地增加了撒丁王国的财政收入,促进了国家经济发展,尤其是农业及其加工业方面的发展更为显著。在他的改革推动之下,撒丁王国向西欧和中欧出口的产品生产率和质量都有极大提高,农业和商业的发展为国家积累了一笔相当可观的资本;与此同时,撒丁王国也逐步增加了工业品的进口,进一步提高了人民的生活水平。这些巨大的变革进一步奠定了加富尔伯爵无可匹敌的政治地位与民心基础。

3. 完成统一大业

在加富尔出任财政大臣之前的1851年12月2日,

法国的夏尔－路易－拿破仑·波拿巴（Charles-Louis-Napoléon Bonaparte，1808—1873，即拿破仑三世），举起了政治变革的大旗，开始了历史上的法兰西第二帝国。如此大的国际形势波动自然影响到了加富尔的政策。果不其然，极右派抓住机会对加富尔的改革进行了猛烈攻击。加富尔以自由主义政策来反击，1852年，身为右翼的领袖，加富尔与拉塔齐·乌尔巴诺领导的中派左翼商讨，并联合签订了行动协议，这一举动在议会中可谓深得人心，凭借这一决定，他维护了自由主义改革的战果并保证了政策的实行。不得不说，加富尔极其聪明，先发制人地制定了这个协定，不但挫败了极右派，也削弱了所谓的极左派。由于当时的首相不赞同这份协定，两人产生了很大的分歧，但加富尔一旦认定的事情凭谁也不能动摇他。就这样，由于国王的忌惮，再加上奥地利的敌对势力和法国的猜疑，加富尔只能辞职。

仇视他的人好景并不长，1852年11月4日，加富尔就反败为胜担任首相一职。他不但保留当时在财政方面的改革，又大力扶持公共工程的建设，还结合自身的专业特长，颁布了许多与经济活动相关的法律法规，其中尤为重要的是关于1853年的期票和支票法。俗话说："罗马不是一天建成的。"他在立法方面并没有进行大刀阔斧的改革，一方面考虑到社会经济的承受力，另一方面考虑到政策的实施效果，所以在领导工业化运动成功后，加富尔便开始思考意大利的政治统一的可行性，这是改革的深化。

加富尔深深地意识到，把统一的希望只寄托在依靠皮德蒙的军事作战能力上是不够的，这一点从他

卡米洛·奔索·迪·加富尔伯爵画像

被任命为萨丁尼亚的外交部部长(1852年出任首相兼外交部部长)的时候便可以看出。加富尔有极其出色的外交手腕，为意大利的富强与统一而日夜忙碌，欧洲的外交场几乎成了他的个人秀场。他分析，虽然英国对于意大利统一表示同情，却没有为此提供什么物质上的实际援助，更由于萨丁尼亚－皮德蒙的议会制政体，使得英国对于其反奥战争(1848年3月18日，奥地利统治下的米兰首先爆发了反奥起义，起义者解放了米兰城，将奥军驱逐出境)持中立态度。至于法国，拿破仑三世早就想取代奥地利在意大利的统治地位，于是加富尔极力拉拢法国对付奥地利。

1855年，克里米亚战争爆发后，加富尔首先派出萨丁尼亚大军介入这场战争，他的目的是要争取英法两国的支持。他这样做，是因为拿破仑三世曾在年轻时参加过烧炭党，并且许下过"为意大利做点事"的承诺，在加富尔的努力下，拿破仑三世在克里米亚击败俄国后不久实现了这一承诺。英国和法国出席巴黎和会，并在会上表示支持意大利的统一。这体现了加富尔伯爵的政治声望迅速攀升。

加富尔的经济政策大见成效，反对奥地利、争取统一的政治决断，这一系列措施的实施使他在意大利人民心中的地位犹如神祇一般，令人信服。在此后的1856年，加富尔便以领导人的身份出现在意大利人民的解放运动中。1856—1857年，加富尔领导人民，经过艰苦的奋斗努力，完成了意大利的独立、统一。在他致力于统一运动的期间，意大利人望风而从，甚至马志尼的亲随中也有许多人表示愿意加入，甘愿供其驱使。

1859年4月29日晚，奥军的先头部队一共10个步兵师，加上1个后备师和1个骑兵师，他们受命执行渡过蒂奇河的任务。他们很清楚地知道敌人是皮埃蒙特军队。拿破仑三世率领法军出动相助，赫赫雄兵，有15个步兵师、3个骑兵师和3个骑兵旅。战争刚开始时，奥军凭借其强大的军力，向都灵步步挺进。所到之处，势如破竹。法军守城之人皆无力可挡，一切似乎预示着败局已定。可是就在这时，加里波第接到命令要求其在伦巴第发动起义。5月23日，他亲自率领部队向北方行进，渡过了蒂奇河，捷报连连传回，所向无敌，无人能当。拿破仑三世看准时机，下令法皮联军开始进行大规模的进攻。6月8日米兰被攻占，战争结束。

前线胜利的消息传到了国内，迅速掀起了意大利民族解放运动的热潮。托斯卡纳和教皇使节管辖区随即发生了人民起义，人民誓要推翻专制统治，要求与撒丁王国合并为一个国家，实行同种法律。但是拿破仑三世并不希望意大利中部并入撒丁王国，然后形成一个强大的意大利国家。期间，拿破仑三世对国内天主教徒的强烈反对以及两次会战带来的沉重伤亡感到震惊，他急切地希望结束对奥国的军事行动。因此，拿破仑三世在战争即将胜利的时候，突然宣布停战，并于7月11日签订了维拉弗朗科停战协定。

加富尔对拿破仑三世的背信弃义很是愤怒。他极力劝谏撒丁王国国王不要在停战协定上签字，但是结果并没有如他所愿，脾气倔强的他毅然决定辞职。然而，社会历史发展的趋势，并不是那些自私的统治者可以轻易改变的，意大利中部各个国家接连爆发了革命。在加富尔领导的民族协会推动下，各个地区都成立了临时政府和制宪会议。辞职后的加富尔把全部的精力都投身于意大利统一运动中，在他的带领下，托斯卡纳、帕尔马、莫德纳和教皇国的罗马涅地区都并入了撒丁王国。这样，除威尼斯外，意大利的北部和中部都实现了统一。

1860年3月，加富尔在人民的拥护之下重新担任首相。任职后，他立即在中部的各个邦举办了一次大规模的、前所未有的全民投票，正式开始了撒丁王国的统一之路。但是同年4月，在法军的重重监视之下，萨伏依和尼斯也举行了类似的公民投票，但投票结果是正式将这两地划为法国的范围。虽然如此，但在1860年的春天，意大利还是初步形成了统一的局面。

就在统一运动初见曙光的时候，革命阵营内部又出现了矛盾，就在同一年，西西里爆发起义，朱塞佩·加里波第听到消息后，立即决定率领远征军去援助起义人民。但加富尔却极力阻挠，因为他认为如果加里波第得到广泛支持，就会影响到自己的领袖地位，就将引起政府的危机。于是他与加里波第的矛盾就此而生。随后加富尔就在武装志愿军方面设置重重障碍来阻挠加里波第。

1860年11月，加里波第的远征军占领西西里首都那不勒斯，取得了绝对性的胜利，这使加富尔和拿破仑三世更是食不下咽，睡不安枕。他们认为，加里波第威信的提高对自己是十分危险的，是时候采取行动扑灭意大利南部革命策源地火苗了。因为共同的利益，两人秘密达成一致，决定一块一块地兼并由加里波第夺取过来的意大利领土。但加富尔又想着维护撒丁王国的利益而暗中改变了策略，一方面，他秘密地帮助加里波第，陆续送去几批士兵和武器，这样做不仅减缓了舆论的压力，又为自己以后插手远征做了铺垫，可谓一举多得。另一方面，他派代理人去推动西西里王国与撒丁王国统一为一国的事情。他在取得拿破仑三世的支持后，便派兵远征教皇国的马尔凯和翁布里亚，打开了通往南部的道路。撒丁王国军队沿这条路，一路南下，长驱直入解放区。由于加里波第的配合，撒丁王国军队进军顺利，忠诚的加里波第不但高呼"意大利国王万岁！"的口号迎接王国军队进驻解放区，而且同意通过公民投票来决定南部是否与撒丁王国合并。根据公民投票的结果，南部并入了撒丁王国，意大利王国成立了，加富尔的抱负终于实现了。

这时，意大利境内除威尼斯与教皇领地外，其他7个邦国都统一到撒丁王国中。1861年3月17日，正式成立了意大利王国。维克托·伊曼纽尔二世成了意大利王国统一后的第一位国王，加富尔为王国首相兼外交和海军大臣。在国王的劝说下，加里波第放弃了进军罗马的计划。加富尔立即把解放罗马的事业纳入了温和自由派路线的轨道，着手同教皇庇护九世举行谈判。但是，他来不及解决罗马问题，就突然病逝。

1861年6月6日，意大利国父的心跳停止了。加富尔在意大利王国宣告诞生的同年逝世，有生之年未能亲眼见证意大利统一。在他死后10年，意大利才能借普鲁士发动统一战争，法国再无能力支配教皇国之机，收复威尼西亚和罗马，正式完成统一大业。

清晨的日光总是那么遥远，夕阳的西沉总是那么深远。对于加富尔来说，儿时的叛逆仿佛是一种舍我其谁的宿命；年少的轻狂和青年的闯荡似乎是上帝对他慷慨的恩赐；政坛上的精明证明了他独一无二的才干；高速发展的国家经济是对他政绩的无声回应；意大利的大统一是他从政生涯最浓墨重彩的一笔……他真诚的爱国情怀和滚烫的赤子心，永远地记录在历史的长廊、人民的心里。直到今日，在的里雅斯特、罗马、佛罗伦萨、拿波里等城市，仍有很多重要的街道和广场以他的名字命名。意大利海军的新航空母舰"加富尔"号也以其名字命名——历史和人民不会忘记他们的英雄。

欧洲的中国通——马可·波罗

马可·波罗（Marco Polo，1254—1324），13世纪意大利著名的旅行家和商人。他是世界历史上第一个将"地大物博""遍地是黄金"的中国介绍给世界的人。马可·波罗出生于意大利威尼斯的一个商人家庭。1271年时，他随父亲和叔叔前往中国，历时约四年，到达元朝的首都大都(今北京)。然后又在中国游历17年，走遍中国的许多重镇名城。他将他一路上的经历记录为一本书，这就是后来著名的《马可·波罗游记》。他的游记全篇一共100多章，内容极其丰富。这本游记记录了中国40多个城市和地区，对当时中国大部分地区、城市的气候、植被、

马可·波罗画像

地形地势,以及近海洋流等自然状况和政治、经济、人文等社会状况做了比较详细的描述。马可·波罗记录了连接东方和西方的交通,同时也不带任何偏见地赞扬了中国。在他的游记中,他把一个地大物博、文教昌明的中国及其孕育的物质文明和精神文明展现在了欧洲人面前。这本游记也为后来中外学者研究元朝历史和地理提供了重要的史实资料,同时开启了欧洲探求"黄金"的热潮,欧洲人从此冲破禁欲主义的枷锁,掀起了文艺复兴的巨浪。

据称,这本游记最原始的版本《世界奇异录》由马可·波罗口述,鲁思蒂谦诺(Rustichello da Pisa)整理撰著。撰著者鲁思蒂谦诺这样评论马可·波罗:"从上帝创造人类开始,无论是谁,都没有一个人能比马可·波罗探险过的地方多。"

1. 伟大的东游之旅

要问世人对马可·波罗是什么评价,实在是数不胜数，他的生命旅程确实是无与伦比的精彩。马可·波罗最被人们赞赏的就是他旅行家的身份和贸易经商的才能。

1254年9月15日，马可·波罗出生于威尼斯一个世代经商的商人家庭，商人的经验代代相传，使他的家族发展壮大。威尼斯是一个古老的商业城市，它的海上贸易特别繁荣。

马可·波罗的父亲尼哥罗和叔父马窦为了壮大家族事业，巩固在国内的商业地位，常年去沿海地区寻找新的商机，逐渐在地中海沿岸也有了自己的商业基地。1260年，他的父亲和叔父到伊斯坦布尔去做一笔大买卖，因为这次贸易的利润可观，两人的心情非常好，他们便辗转到了中亚的布哈拉去寻找新机会。一天，他们在饭馆寻找座位时，由于生意异常红火，竟没有一张空余的桌子。这时，一位波斯大使对他们说："反正我孤身一人，你们俩同我一起坐在这儿吧。"三个人在聊天中一拍即合，便结伴同行一路到了中国。直到1269年，尼哥罗和马窦才回到威尼斯，带回了很多不知道名字的珍奇物产。他们一见到人就很激动地讲述去东方路途中的奇闻以及东方那片土地的富饶和神奇，当地的威尼斯商人也很想去东方寻求丰厚的利润。回到家后，他的父亲和叔父仍然忍不住地一直描述着，马可·波罗听了之后也立志做一个商人漫游东方。

1271年,他的父亲和叔父打算再次动身去中国,经过马可·波罗的一番软磨硬泡,他的父亲犟不过,决定带他一同前往。

年轻的马可·波罗以威尼斯商人的身份,怀着一颗想要了解东方的心,充满着对黄金白银的渴求,踏上了东行之旅。他们从威尼斯启程,乘坐船只到达地中海,他们还在地中海的贸易市场发现了很多有利可图的特产。休整之后,他们继续东行,又乘船到达了小亚细亚半岛。小亚细亚半岛主要以高原地形为主,气候炎热干燥,全年降雨量不足200毫米,他们的身体都出现了一系列不适状态。在这样干旱的环境下,他们靠着顽强的意志和惊人的毅力坚持了下来。

继续向东行进,他们到达了底格里斯河河谷。底格里斯河河谷是由两河泛滥冲积而成的三角洲,这里池沼、水潭、泥潭、芦苇荡遍地都是,这片肥沃的土地着实让马可·波罗吃惊了一番,然而这里独具一格的农业模式也让他们发现了新的商机。

之后他们又向东到达伊斯兰古城巴格达,这里是伊斯兰世界三大历史文化名城之一。他们游览了当地的清真寺、图书馆、天文馆、宗教学校等一系列人文设施。巴格达的经济发达、贸易繁荣、交通便利、文化先进、人口稠密,无不让马可·波罗大开眼界,惊叹不已。特别是当他们看到这里设有丝绸和瓷器等中国商品交易的专门市场时，心中对中国的向往更是有增无减。

接着，三人顺着波斯湾南下，沿路经过伊拉克、伊朗等地，抵达了当时商业名城的霍尔木兹。他们抵达霍尔木兹海峡时，看到了粉红色的沙滩，海上进出的贸易船只密密麻麻，这番景象让他们惊呆了，他们不曾想到世上竟然还有这样的繁华之地。穿过拥挤的人群，他们找到一家客栈安顿下来。当他们在镇上买东西时，一伙强盗盯上了他们。晚上他们回到客栈，一天的劳累过后，几个人都睡得很香。强盗瞅准时机溜进了房间，抢走他们的盘缠并把他们关了起来。半夜里，马可·波罗和父亲里应外合，趁强盗打盹逃了出来。当他们找来当地官员时，强盗早就得到风声逃走了。除了叔叔外，其他同行的人也不见踪影。但他们依然没有泄气，重整行装，继续前进。他们从霍尔木兹向北到达荒无人烟的伊朗高原，由于高原气候的影响，出现了高原缺氧的症状，但他们都以坚韧的毅力一直坚持了下来。他们向东继续行进，到达阿富汗的东北端。马可·波罗由于长时间行走在高原之上，各种头疼、气短、胸闷等高原症状接踵而至，最后不幸病倒了，他们不得不暂停下来休养身体，旅行暂时耽搁。

一年后，马可·波罗身体恢复得差不多了，又继续开始东行。起程不久，就面临翻越帕米尔高原的艰苦行程。虽然这期间也出现了头晕、发烧、乏力等高原症状，但养好病的马可·波罗在强大意志力的支撑下，走完了这一段艰苦的旅程。他们穿越高原，到达山脚，沿着边缘一直走到喀什。严峻的挑战一次次地摆在他们的面前，为了节省用水、物资，他们一直沿着中部沙漠西边的边沿走，想尽办法避开可能会发生的自然灾害。不幸的是，他们还是遇到了"大自然最巧妙的机关"——流沙，在沙漠中大家行进得异常艰辛，但他们互相帮衬着走出了这片地狱之沙。靠着一路上遇到的好心人给予的食物和水，他们支撑下来，长途跋涉到达了叶尔羌绿洲，从和阗和且末，经过嘉峪关，穿过河西走廊等地方，这段路一走就是三年半。此时，他们已耗尽了所带的一切钱财，除了毅力一无所有。如果说毅力是一种财富的话，那么，他们必然是最富有的人。1275年，马可·波罗一行人终于到达了元上都（今内蒙古自治区多伦西北）。上都为元世祖忽必烈夏季避暑的夏都，元朝正式定国都在大都。

同年，他们抵达大都，马可·波罗此时已经成长为英气勃勃的青年，他怀着一颗无比期盼的心，在父亲和叔父的带领下前去觐见忽必烈大汗。马可·波罗恭谨地拜见了大汗，向大汗呈上了教皇写给他的信函，并向大汗奉上礼物。忽必烈见到不远万里而来的客人感到非常高兴，在宫内设宴款待他们。忽必烈将他们想在元朝定居的愿望由理想变成了现实，专门为他们在宫中安排了住处。马可·波罗对忽必烈赞颂备至，在他的游记中，称忽必烈为"大可汗"和"万王之王"。马可·波罗对新事物的接受能力很快，刚在宫中住了几天，就学会了一些基本礼仪。由于忽必烈是蒙古族，马可·波罗对蒙古族语也很感兴趣，经过学习，他甚至可以用蒙古族语来读书、写作，如此高效率的学习能力着实让人佩服。

根据《马可·波罗游记》中的记载，忽必烈还曾派遣马可·波罗去过云南。这在他来中国后不久，就自大都外出远行，这当然不是偶然的。据他自述，是受到忽必烈的指示，去了解当地的风土人情。根据史实记载，忽必烈即位前曾受命远征大理，平云南后即又领兵北上，因而对云南地区的状况，所知不多。

云南在元至元十二年（1275）正式由瞻思丁（郑和的五世曾祖）的领地并入元朝的管辖地区。云南这块地域社会问题不断，粮草不足，地方小型叛乱多发，民众不服从管理等问题层出不穷，让忽必烈颇感头痛。为了减轻忽必烈的烦忧，马可·波罗便毛遂自荐前去哈拉刺（今大理），忽必烈亲授委托，让他在大理为朝廷处理边民问题、办理中缅战事和外交等事务。马可·波罗成功办理完毕一应事务返回大都，受到忽必烈的肯定。忽必烈对他更加信任，多有重用。

后来，马可·波罗又奉命出行蜀地。他从大都出发，经过河北到山西，过黄河进入关中，从关中穿越秦岭到四川成都。忽必烈通过派使臣南下，控制了蜀道南端至蜀道北端的京兆（今陕西西安市）府城的广袤地区，加强了对四川的政治统治。忽必烈长期经营京兆府城，得到蜀道沿线军政力量的支持，战胜他的竞争对手——幼弟阿里不哥，成功登上大汗宝座。马可·波罗蜀道之旅为忽必烈实现自己的战略部署立下汗马功劳。

接着，马可·波罗再从成都西行到建昌，最后渡金沙江到达云南昆明。马可·波罗对云南当地的民间风俗和物产、贸易情况做了详细描述并保存了记录，其中甚至对缅国集市和金银比价也都记得清清楚楚。虽然云南当地并没有什么地名是与马可·波罗有关系的，但近年来人们却在云南当地的典籍中发现有关马可·波罗踪迹的记述。

马可·波罗还曾去过江南一带，路线可能是走水路，因为在他的游记里有关于扬州、南京、苏州、杭州、福州、泉州等沿运河城市的记载。其中，在扬州，他曾被忽必烈委以官职，负责辅助地方官员处理政事，并向忽必烈报告当地的社会状况。此外，忽必烈还派马可·波罗出访过东南亚的国家和地区，如印尼、菲律宾、缅甸、越南等国，忽必烈给了马可·波罗使者信件和礼物，还有其他物资，用来和邻国贸易交换或者调和边境地区的边民关系。

马可·波罗长期居住在元朝的宫廷，时常和忽必烈聊天，他见多识广，谈吐不俗，忽必烈很是喜欢。他每次到新的地方，都把发生的事情和当地的自然、社会状况做详细描述和整理。《马可·波罗游记》记述的中国情况涉及政治、军事、法律、奇闻逸事、风土人情等许多方面。他并不像旅行家那样，去描述名山大川的秀丽景色和文物古迹，也不像官员那样去记述政务与官场纷争，而是不厌其烦地记录了各个地区的物产、贸易、集市、交通、货币、税收等与商业有关的事物。而忽必烈恰恰喜欢了解各地的社情民意及异域的独特风俗，所以，马可·波罗向忽必烈呈上他的记录，很得忽必烈的欢心。

我们前面讲过，马可·波罗父子前前后后在中国居住了将近17年，由于常年在外，思乡的情绪越发浓烈，但又怕忽必烈不同意他离开中国，所以马可·波罗说服忽必烈让他护送阔阔真公主到波斯成婚。1292年，他在完成护送任务途经福建泉州时，瞒过了所有人的耳目，乘船离开了中国。

1293年，马可·波罗结束了他在外漂泊的探险生活，回归故里。"少小离家老大回，乡音无改鬓毛衰。

儿童相见不相识,笑问客从何处来。"中国唐代诗人贺知章这首《回乡偶书》也很好地描述了马可·波罗回归故里的境况。时过境迁,人的面貌也在变化,马可·波罗回归故里虽然激动不已,但在当时,连他的家人和朋友都对他是否是当年那个小马可充满怀疑。他百口莫辩,没有人愿意相信他,无奈之下,他只好拿出忽必烈恩赐的珠宝玉器,亲友们才勉强认可了他。当时据一位邻居回忆说:"马可·波罗回到威尼斯时,没有一个人认同他是马可·波罗,很多人认为他是一个疯子,他的话都是胡言乱语,没有人愿意相信他的话。围观看热闹的人看他穿着一身鞑靼人的服装,还调侃他不知道从哪里弄来的。不过,当他拿出了由大汗赏赐的瓷器、丝绸等,大家才不得不相信。"

当时,在西方世界里很少有人真正了解东方。马可·波罗为了向世人证明东方并不是教会所说的那样,证明遥远的东方有世界上最大的帝国,它是蒙古族的剽悍骑兵在马背上打下来的天地,它范围很大、地域很广。他到处讲述自己在东方的见闻,但有一些威尼斯人说"那是他在波斯商旅的营帐中听来的"。当时欧洲人对东方的认知是有限的,人们普遍认为,做买卖能去到波斯就早已是"天的尽头"了。为了让人们了解东方的世界,他专门在威尼斯举办了一场东方展览会,展览的物品包括象牙、玉器、瓷器、丝绸以及纸币。展览会开阔了欧洲人的眼界，就在当地掀起了轰动。马可·波罗告诉威尼斯人："任何人，只要坚定地克服前行道路上的险阻，不管东方的路途有多遥远，有多崎岖，只要你到达东方，就肯定能从黄金、丝绸、瓷器、香料中得到几辈子都花不完的财富。"威尼斯人都为马可·波罗的故事所打动，当然更多的是为东方的巨额财富而惊叹。一位叫佩拉林的船夫说："这故事听到我心痒痒，如果我还是十几岁的小伙子，我一定要到东方碰碰运气。"

后来，马可·波罗的这一段传奇经历成就了举世闻名的《马可·波罗游记》。这本书让马可·波罗成了欧洲第一个中国通。此书先后在法国、意大利以至欧洲诸国流传，极大地丰富了欧洲人对中国和东方的认识，并在15世纪激起航海家对东方的向往，对大航海时代的开启产生了深远的影响。

让我们打开这部探索未知的旅行记，和马可·波罗一起了解和认识那段震惊世界的历史。

2. 震惊世界的旅行记

700多年以来，《马可·波罗游记》被世界各地的人传阅，翻译的各种语言的版本数量可能超过了100种。另外，还有许多学者对照原始版本更正本国的版本，注释了大量古代名词并做了大量校注。根据版本的不同，我国的作家学者也翻译过7种，其中流传较广、使用频率较高的是冯承钧1935年根据法国人沙海昂的法文版译本翻译的中文版《马可·波罗游记》。

《马可·波罗游记》全书由四部分构成。第一卷记载了马可·波罗一行人从威尼斯到元大都一路上的所见所闻，其中不乏奇闻逸事、民俗风情。第二卷记载了蒙古大汗忽必烈的生平经历、兴趣爱好、丰功伟绩及元朝宫殿的华美秀丽、街坊的布局合理，还谈到了宫内的跪拜礼、参见礼仪以及在宴会、朝堂的相应礼仪。书中还记载了古代节庆的盛大，如果遇到天寿、冬至，给官员两天的假期，如果是元正节和寒食节，是三天的假期，其中休息时间最长的就是元宵节，长达十天。除了节庆，他还在书中记载了元朝的游猎。由于元朝是从马背上打下来的天下，游猎这种活动盛大热闹；他还记载了自大都以南的杭

马可·波罗画像

州、泉州、福州等著名的商业港口,包括当地人口、经济等社会信息。第三卷记载马可·波罗奉忽必烈之命出使与中国相邻的日本、越南、东印度等国家,南印度等部分地区,远至印度洋沿岸及诸岛屿和非洲东部。第四卷记述君临亚洲的成吉思汗的后裔诸王的战争和亚洲北部的相关情况。每卷分章来详细叙述各个地方的情况或某一历史事件。本书四卷共有229章,书中涉及国家和地区的地名多达100多个,记录这些地方的情况包括山河资源、气候特点、商贾贸易、人口民族、宗教信仰、风俗习惯,以及在这个国家的所见所闻,朝廷与国家的典章制度,也间有介绍。

马可·波罗这本书的描写对象是中亚、西亚、东南亚等地,其中对中国做了详尽的记述。马可·波罗在中国停留时间最长,因受到忽必烈的信任重用,他不用担心资金问题,可以尽情去旅行游览中国的西北、华北、西南和华东等广大地区。他在游记中以大篇幅,热烈的感情充分抒发出对中国壮美河山的依恋,对社会人文经济发展的羡慕,记述了中国数不尽的财富、稠密的人口、精致漂亮的丝绸和瓷器、繁华的商业城市、良好的交通体系以及华丽的宫殿建筑。以中国为主要内容的章节在全书中占很大一部分,其中对元大都和忽必烈的描述比较详尽。

在游记的第二卷,对杭州这一地区做了详尽的描述。"行在""天城"是对杭州的称呼,与之相对的是"地城"即苏州。"行在"是南宋时代对杭州的一般称呼,是指皇帝所到达过的地方。而"天城""地城"的叫法,后来演化为我国谚语"上有天堂,下有苏杭"。马可·波罗第一次见到这人间天堂时,沉醉于这美丽的风景中,难以用语言表达他的激动之情。他在游记中记载杭州住户人家极多,沿街房屋鳞次栉比,没有空出来的闲置地。特别是杭州的商业繁荣程度更让马可·波罗赞叹不已。杭州城中大的集市有数十个,每个大集市的物资都十分丰富,集市上店铺五花八门,从衣服鞋袜到宠物花草无所不有,售价也比其他地方低廉。城中的小商铺更是应有尽有,很多窄小的街道两侧都挤满了各种买卖鲜果蔬菜、鸡鸭鱼肉的摊位,几乎把街区挤满。他还讲到杭州人不管是对本国的贸易之人还是外来贸易之人态度都很亲切,"待遇周到,辅助及劝导,尽其所能";讲到杭州市容整齐干净,用石块铺筑街道,秩序井然合理;人们讲究卫生,全城到处有冷热澡堂,以供城里城外之人沐浴;官衙户口登记严密,人口普查清楚。由于他对杭州喜爱有加,每次都对这里流连忘返、意犹未尽,几次三番到这里来一览盛景。

　　因为马可·波罗的商人身份,所以他对各个地方的物产、商业情况都特别留心观察和记载。例如他旅行到我国南方的一些物产中心地时,便对如棉纺织工业的原料取材、制造过程、销量、进出口贸易做了详细的记载，还有丝绸缎布帛工业也做了相应的记载。其中对被称为"扬州的北大门"的宝应县（今隶属扬州市）的情况，在《马可·波罗游记》中的记载是：当地的居民以发展工商业为主业，特别是当地的丝绸行业是这个地方的主导产业，此地养蚕造丝在全国也是赫赫有名的。还有他出访东南亚的印尼、斯里兰卡、印度时，也对当地盛产的宝石、香料、珍珠产生了极大的兴趣。当《马可·波罗游记》在西方广为流传后，这些物品的奇异和贵重的价值深深地吸引了欧洲人。欧洲的上流贵族对蕴藏着无数珍宝的东方向往至极。在后来的东西贸易中，西方人一直将这些东西视为珍品，并且在贸易比例中占很大一部分。

马可·波罗的游记里还记载了可以与"东方开罗"相媲美的历史文化名城新疆喀什。他在游记中描述这儿是"货如云屯，人如蜂聚"。由于喀什是中国最西边的行政区，所以早在汉唐时期，东方的货物就通过喀什源源不断地涌入西亚和西方市场，是古代著名的东西贸易的中转地和集散地。自13世纪以来，由于边境战乱和西部干旱缺水的自然环境，这儿作为丝绸之路上的运输枢纽和商品中转站开始衰落，但因为得天独厚的地理区位，它的商业流通的角色并未削弱。而今天，这里将重新焕发生机，继续其往日的繁华与昌盛。

在《马可·波罗游记》中，还有对纸币和煤的记载。书中记载造币厂设在天子脚下的京城，由朝廷直接管理。当时由于商品经济的发展，在流通中需要分割和鉴定成色的金属货币使用不便，所以出现了一种便于流通且造价低廉的纸币。书中记载纸币制作过程：以桑树皮为原料制成纸张，然后对纸张正背面画上同值的图形，盖上防伪标志。书中还记载了元代对伪造纸币使用的刑法极重，对伪钞案中的作案者都处以死刑。马可·波罗对燃煤也做了记述，书中说在中国北方见到一种黑颜色的石头，这种石头耗费巨大的人力物力从深山中开采出来，但煤的开采有如顺藤摸瓜一样，只要找到了一处煤矿，其他的煤也就在这附近。其中还记述了煤的使用，书中说：这种黑石头与木头的燃烧方法并无差别，但是黑石头的火力和持续力都好于柴薪。元代已经有使用煤的很长历史，我国自汉代就开始使用煤，但马可·波罗将把煤做燃料仍当作奇闻记载下来，可见当时欧洲的勘测、挖掘技术远远落后于中国。

《马可·波罗游记》中还记载哈拉剌（今大理）等地由于独特的地理环境，常有大蟒蛇等野生动物出现，形体巨大，身长数十步，一双锐利有神的大眼睛发着绿光，身粗如巨靴，任何人落入它的口中都难逃一死。夏天时，大蟒白天在拱形顶的土窑洞中避暑，漆黑的夜晚它才出来捕猎食物，凭借大自然的山山水水养育自己。人们虽然对这种大巨蟒充满了畏惧之情，但也有善于捕猎的猎人将陷阱藏在深山丛林中，猎人将锋利的铁刃藏于陷阱，再用松散的沙子、叶子将其掩盖。蟒蛇在回洞的路上，落入此陷阱必死无疑。蛇被破开胸腔，剖开肚子，死状极其惨烈。猎人捕获蟒蛇后，将蛇胆取出来，高价兜售给当地的有钱人。蛇肉的市场广大，猎人将蛇肉出售给当地高档的酒家，因为蛇肉美味至极，当地人都想去尝尝这人间珍品。

《马可·波罗游记》中对中国各地的宗教信仰也有记录，记述的重要内容是基督教，但也有伊斯兰教的相关信息。这些内容后来都成为学者研究宗教历史及元代人宗教信仰的重要参考史料。

《马可·波罗游记》除了对亚洲的大量记述以外，对东非海岸和北冰洋也做了简单的记录，但这些记录的真实性还有待商榷，因为是根据传闻，并非一手资料而记录，因此有很多的记录与实际情况相差甚远。尽管这样，《马可·波罗游记》的历史性仍然是不可忽视的。在中世纪，没有一个旅行家日记可以和马可·波罗留下的记录相媲美，他的经验之丰、记录之广，给封闭的欧洲人打开了新的视野，让欧洲人认识到了物产丰富的东方圣地，催发了文艺复兴运动的兴起，为欧洲人打开新的世界格局奠定了基础。

《马可·波罗游记》如同"天方夜谭"一般的传奇故事问世后,在欧洲各国引起轰动,一夕之间人们都在争相翻阅。这本游记成为流行一时的必读书籍,被赞为"世界第一奇书"。书中描述了一片广袤而富饶的土地、充满神秘色彩的东方文明,特别是"遍地是黄金"的中国。各国的读者都对里面所描绘的情景充满了羡慕,对那东方古国充满了向往。这部作品使欧洲人开阔了视野,冲破了中世纪宗教神学的桎梏,激发了欧洲人所具有的思想自由、个性解放的现代文明意识。同时,在欧洲各国广泛掀起了一股"中国风""东方热"的潮流,各国商人来到中国交换茶叶、瓷器、丝绸,以求可观的利润。各国的学者也把《马可·波罗游记》作为原料素材来增加自己的见闻、丰富自己的研究。如1375年的西班牙喀塔地图就以《马可·波罗游记》中的数据为参考。新制的地图冲破了宗教谬说,具有很高的科学研究价值,虽然在有些方面与现实不相符,但还是为之后地图的绘制提供了一些有价值的依据,直至后来的新航路开辟,都多多少少受益于这一地图。

《马可·波罗游记》也促进了15世纪前后欧洲航海贸易事业的兴起和发展。当时一些著名的航海学家和探险队从书中了解到东方的富庶程度和广大的贸易市场都蠢蠢欲动,争相改进航海技术和航海船只,这些充分体现了他们探寻东方财富的狂热和冒险远航的勇气。例如著名的葡萄牙航海家亨利王子小时偶然看到了《马可·波罗游记》，深深地被"东方"这两个字所吸引。他长大后开办了航海学院，致力于培养航海人才，研究海上地图，研制先进船只，这一切都是为了可以看到小时候在《马可·波罗游记》中读到的东方。还有著名的哥伦布也津津有味地看过这本书。小时候的哥伦布在读了《马可·波罗游记》之后，非常钦羡和向往中国及印度的文明和财富，正是这种从小萌发的对东方文明和财富的渴望，才让哥伦布有了东游的志向。长大后，哥伦布极力说服西班牙皇室贵族，让他们提供资金和人员，然后向西班牙皇室许诺一定带回《马可·波罗游记》中所讲的黄金、珠宝、香料，这个许诺成功地诱惑了西班牙王室。1492年，哥伦布以地圆学说为指导，靠着西班牙王室的资助，带着西班牙王室给中国大汗的一封信，率领水手接连几次远航。因为飓风、礁石，给航海带来了巨大的困难和不利，让他几次迷失了方向，甚至因为落潮而触到了岩石，有翻船的危险，但他不畏险阻，扬帆出海，虽然没有到达他憧憬的东方，却有了新大陆的意外发现。许多西方人也从《马可·波罗游记》一书记载的东方先进的工矿技术中得到启示，不断改进现有的机械。就拿煤来举例，当时欧洲人的煤矿挖掘技术并没有东方的先进，欧洲人从《马可·波罗游记》中了解到先进的挖掘开采技术，将燃料煤的开发使用进程大大推进了一步。

700多年过去了，马可·波罗敢于冒险、勇于探索的精神依然在感动着无数人的内心，引领着无数人成就了他们梦寐以求的理想。在他开辟的东西方之路上，今后还会有无数人将它不断延展、不断拓宽，越走越平坦、越走越开阔，突破东西方地域的差别和空间的局限，将世界融为一个和谐的整体。

3. 神秘的大洋彼岸

《马可·波罗游记》描绘了一个伟大而又神秘的东方古国，其中记载了亚洲部分地区的自然和人文信息，很是让人大开眼界。但就在它震惊中外的同时，也有不少人提出了质疑。在过去的讨论中，学者大致分为两派：有人确信，也有人怀疑马可·波罗来过中国。对于这本游记真实性的讨论，历经700多年，仍没有定论。马可·波罗是否来过中国？会不会是别人的游记而署上了马可·波罗的名字？游记中对中国的描述是否只是一种没有根据的传闻？或许这本书在监狱成书时只是口述者马可·波罗和笔录者鲁思蒂谦诺的想象？或者马可·波罗并非威尼斯人而他是北京人或者杭州人？马可·波罗在给世界带来不可思议的奇闻趣事的同时，也给后世人留下了一系列未解之谜。

　　中西方历史学家广泛取证考察，却没有发现马可·波罗来过中国的任何实际证据，而且鉴于游记是由与马可·波罗同监狱关押的一个浪漫主义作家鲁思蒂谦诺笔录而成，本身就带有巨大的漏洞和谬误。有人经过自己的调查研究以及结合《马可·波罗游记》中的若干细节考证，明确表示马可·波罗从未到达过中国。但也有人提出，从元朝到现代沧海桑田、历史变迁，很多物证都无从考证，现在看起来是莫须有的事情，但在那时说不定是实实在在的存在，并不能因为物证的不全面，而否定《马可·波罗游记》的真实性。

　　如果《马可·波罗游记》是真的，那为什么游记里没有记录古代抵御周边少数民族的长城？为什么没有记录承载着中国文明的方块汉字？为什么没有记录女人绑小脚？当然，这些疑点都不足以证明马可·波罗没有来过中国，或许他只是没有把记叙重点放在这几个方面。学者提出不相信马可·波罗到达中国的最大的证据就是：中国史籍没有记载。他们翻查了中国文献，中国历朝历代文献都对一些重要的人物和事件记载得很详细，但在元代史官的典籍里却没有发现马可·波罗的踪迹，就连马可·波罗的名字都没有提过。

　　但就算是没有中国史籍的记载，我国有些学者仍坚持马可·波罗的的确确到达过中国。著名学者杨志玖就把从《永乐大典》中的一段公文（这段公文有波斯使臣离华回国的记载，与《马可·波罗游记》记载的关于他们曾跟随波斯使臣离华回国的事件及其时间都相一致）作为马可·波罗到过中国的依据。对于《马可·波罗游记》的真实性，在学术界也是众说纷纭。有不少研究者都觉得光靠书本上的研究是不够的，纸上谈兵是不可取的，他们希望亲身经历一下这段遥远的路程，都希望用自己的实际见闻来证实一下马可·波罗记载的真实性。虽然事隔700多年，但说不定仍然会发现蛛丝马迹，并可以和《马可·波罗游记》中记述的内容加以对照比较。沿着游记中所记述的路线探寻一番，实在不失为一个科学的检验方法，但是靠一个人的力量来完成与这本书的对照是不可能的，而且自身的主观性又给研究结果蒙上了一层不确定性。

但是，还是有机构做成了成千上万人想要进行的探寻考察。1999年，美国的一个教学辅导机构为激发孩子们善于提出疑问、发现线索、解决问题的能力，利用现代远程科学技术将远隔重洋的现场环境传输到课堂上来，让学生比照《马可·波罗游记》中描绘的东游途经地点的许多内容，找出与现实情况相同相异的地方。除了学生参与，还有22位对历史学、人类学、自然学等颇有研究的学者、教授以及专门研究丝绸之路和马可·波罗的专家作为知识支持后援。学生给现场的考察队提出自己的见解和问题，再由现场的考察队和后援力量进行考证、得出结论。

现场的考察队由年轻力壮的青年组成，当中大多是卫星远程技术的专家与爱好者。考察队从北京出发，然后按照游记中所记载由北京过黄土高原，再由河西走廊到达北疆，最后从塔克拉玛干沙漠南缘辗转至新疆喀什。他们每天记录行程，与马可·波罗游记中相关的内容一起，用图片、音频、录像传到课堂上，考察队的考察活动进行了3天。考察期间用了现代的交通工具代替步行。由于沙漠的干旱、风沙难以忍受，考察队的成员们选择以骆驼作为骑行工具。大部分路程没有采用步行，当然与当日马可·波罗的艰辛不能比较。在考察的过程中，考察队的队员们发现了不少有效信息来证明《马可·波罗游记》的真实性。

马可·波罗在游记中记载，新疆喀什是一个大都会，当时归元朝管辖，这个地方是进入中国的第一个边境站点，它有效地连接了中亚和中国，为西方人进入中国提供了一条重要的通道。考察队发现，即便在今天，喀什仍然具备这个区位优势。靠着得天独厚的地理优势，大清早喀什就涌入了大量的商人和买家，早市有着其独一无二的特点。街边的瓷器、丝绸、茶叶等本土产品琳琅满目，熙熙攘攘的人群和马可·波罗游记中所记载的如出一辙。作为中国的西北门户，喀什的孩子们用英语欢迎这些远道而来的买客。城市虽然更现代化，但是昔日的边塞风光和情调也没有被时间完全抹去。这里的人们以煤来作为主要燃料，以面和米作为主食，主要农作物是葡萄和棉花，这些内容和《马可·波罗游记》所记述的内容也大致相同。

在马可·波罗时期远传欧洲的就是喀什的马市。考察队考察期间，马市上有各种各样的马儿供人们挑选购买，卖马的人叫卖着，购买的人货比三家，想要挑选一匹称心如意的马匹，买马和卖马的人互相讨价还价，繁荣的商业贸易景象在面前平铺开来。马市上也有10来岁的孩子表演着熟练的骑马技术，引得旁边的人拍手称赞。参与表演的马儿，个子不算大，但是非常结实健壮，马的尾巴又长又密，每当边境的沙暴袭来，尾巴都卷起来护住后部，同时，马头藏在健硕的身子下，就算风暴肆虐，也能很好地保护自己。边疆的马由于独特的地理环境，就算是许多日没有饮水仍然能保持活力和体力，这不禁让考察队员想到了蒙古人横扫欧洲时的坐骑，他们正是凭借这种不大驯服但是耐力惊人的马纵横亚欧大陆。考察队经过喀什再向东行进，就到了盛产玉石的和田。比照《马可·波罗游记》中比较显著的变化就是城市数量更多，城镇更加繁荣，人口更密。考察队后来考察到一条河，这条河发源于昆仑山，由昆仑山上的冰雪融化往下流淌而成，最后流向沙漠里，这就是克里雅河。

据《马可·波罗游记》和更早记录沙漠的旅行者所留下的史籍资料来看，他们都提到在沙漠的深处会有精灵发出令人惊悚的响声，有的说像无数人奏响乐器般的轰鸣，有的说像战场开战时擂起来的战鼓声，有的说紧贴地面听更像无数行军者向这边走来的脚步声。考察队在选择路线时，向大家征求意见到底要不要深入沙漠去探一探这响声的来源，大部分人认为，既然都来了，就应该去探究原委；但还是有一些人认为这种描述只是古人对于神秘沙漠的想象，是一种玄乎的说法，还不如进行下一步的考察，以免浪费时间。但最后考察队还是决定去沙漠探一探究竟，结果都是在意料之中的，自然是没有什么沙漠精灵。《马可·波罗游记》中还记载了关于煤的开采和用法，欧洲地下蕴藏的煤其实很丰富，但是那时欧洲人开采煤的技术远没有东方的先进，也没有开采出大量的煤，他们更不知道地下埋藏的这种黑石可以作为燃料。后来，欧洲的煤炭开采技术得到了改进，它作为工业革命的主要能源帮助欧洲完成了从小作坊到大工厂的转型。

中国有一座桥被西方人称为"马可·波罗桥"，就是那座承载了中国人民伤痛的卢沟桥。据说这个名字的来源就是因为马可·波罗曾经到访过。卢沟桥位于北京市西南约15公里处，桥建在永定河上，因永定

卢沟桥

河古称卢沟河而得名。在《马可·波罗游记》中它被形容为一座壮丽的石桥，它是一种拱形桥，两侧石雕护栏各有140条望柱，柱头上均雕有石狮，形态各异。据记载，石狮原有627个，现存501个。石狮多为明清之物，也有少量的是金元遗存。马可·波罗十分推崇这座桥，说它"是世界上独一无二的"，并且特别欣赏望柱上刻的那些狮子，说有了这些狮子才共同构成了美丽的奇观。外国人从游记中了解到这座桥时，并不知道这座桥的真实名字到底是什么，但因为是从马可·波罗的游记中得知的，他们就简称为"马可·波罗桥"。

由于《马可·波罗游记》的巨大影响，对于马可·波罗是否来华的问题，不但民间兴起了研究的热潮，官方的学者也十分关注。2000年8月16日，天津举行了"马可·波罗与13世纪中国国际学术讨论会"，此次讨论会阵容庞大，参加会议的有来自英国、瑞士、意大利、克罗地亚等国的历史学专家和自然地理专家，以及中国研究马可·波罗和元代历史的各类学者和机构。这次讨论的成果在研究的深度和广度上都远远超过以前举办的讨论会，意义重大，影响深远。

此次会议上，参与研讨的学者都毫不隐藏自己的见解与观点，彼此展开激烈的辩论。《马可·波罗游记》中记载了元世祖生于乙亥年（1215），与史书中的记载相差不多。马可·波罗还记载了一年中最隆重的"元旦朝贺"，即在旧年历的大年初一，当天皇宫内被打扫得一尘不染，每个人都身着象征身份和地位的服饰，全部皇亲国戚和满朝文武百官都在朝堂之内给皇帝行跪拜大礼，也就是我们现代人所说的拜年。马可·波罗在游记中还谈到了"大法令"，也就是今人所说的刑法，其蒙古语为"大札撒"，其所记载的刑法数量也与元代的情况相差无几。

《马可·波罗游记》到底是真是假？恐怕没有人能给出一个确切的答案，这个问题将会是一个长期的悬案。悬案也是一种悬念，过了这么多年，《马可·波罗游记》的影响如此之大，关注马可·波罗的人如此之多，应该就是因为这个"悬念"吧？因为善良的人们总是把历史事件中积极正面、促人向上的那些东西提炼出来，保留真善美以激励后人。为什么要喜欢《马可·波罗游记》？因为人们普遍认为，它是一本代表着东西方友好交流的书籍，它像一座贯通东西方的历史桥梁，向今天的世人诉说着历史的过往。

可能有人会说，由于《马可·波罗游记》的问世，西方人用"坚船利炮"侵入了亚洲这片土地，给无数的人带来无穷的灾难和血腥。从历史的眼光来看，就算马可·波罗没有向欧洲介绍中国这么一个东方古国，这一天也是迟早要到来的。贪婪会带来侵略，资本会带来扩张，落后就要挨打。今天，在重新热闹起来的丝绸之路上，马可·波罗给东西方沟通搭起的这座桥梁，又开始繁忙起来。西方世界和东方世界在"一带一路"上握手共商，我们又会听到羌笛悠悠，看到班列穿行，互联贸易，互相投资，谋求共享共建共赢的发展繁荣。

中西交流的先驱者——利玛窦

走进北京,来到北京市西城区官园桥的北京行政学院院内,于浓浓绿荫处坐落着一处历史长达4个多世纪的墓园,这就是意大利传教士利玛窦的墓园。

利玛窦(Matteo Ricci,1552—1610),号西泰,又号清泰、西江,意大利天主教耶稣会传教士、学者。出生于意大利佛罗伦萨的马切拉塔名门之家,对基督教虔诚无比。1571年,他中断法律学习,加入耶稣会。1577年前往东方传教,他先后到达葡萄牙里斯本、印度,学习当地语言和文化。1582年到达澳门,1583年在肇庆建立了第一个传教驻地,开启了其中国传教之旅。直到1610年因病

利玛窦墓

去世,他在中国共建立了肇庆、韶州、南昌、南京、北京五处传教基地,翻译了欧几里得《几何原本》和《天主实录》等书,用拉丁文翻译了《四书》,刊印了《坤舆万国全图》,编著《交友论》《利玛窦书信记》等。他的这些著述不仅为东西方交流做出了巨大贡献,对东亚国家认识西方文明也产生了重大影响。

1. 成为杰出传教士

15世纪末至16世纪初,这本是个平凡的时代,但是由于航海贸易的发展,这个时代被贴上了一个非凡的标签。欧洲的文艺复兴此时正在兴起,随着欧洲经济的飞速发展,一些国家已不满足于国内的市场资源,纷纷将视线转至寻求海外贸易,扩大其势力范围。起初是葡萄牙人和西班牙人向东航行到达印度、马六甲,然后向北一睹东方明珠中国的风采。接踵而至的是传教士，玛提欧·利奇(汉名利玛窦)便是其中之一。

佛罗伦萨位于意大利中部，是文艺复兴运动的发祥地。距佛罗伦萨很近的马切拉塔是利玛窦的故乡。地处马尔凯省的马切拉塔，因其地理位置优越而著名，是历史上的兵家必争之地。远在古罗马时代，马切拉塔就是拥有军事防御建筑的城池。

利玛窦画像

1552年10月6日，这一天对其他人而言看似平常，但是对马切拉塔的一个药店老板来说，却是特殊的一天。伴随着一声响亮的啼声，药店老板迎来一个新的生命。这个襁褓中的婴孩就是利玛窦。他的到来，给这个平凡的家庭增添了许多欢乐。他是父母的长子，但并不是这个家庭唯一的孩子，后来他还有6个弟弟和1个妹妹。在家里的这些孩子当中，利玛窦最为聪明，因此颇受爱重，长辈们将家族的期望都寄托在他的身上。

利玛窦从小就喜欢听大人讲各种古代传闻和奇人逸事，远至繁荣昌盛的古典时代，近至文艺复兴初期。他对建筑也产生了浓厚的兴趣，例如14世纪中叶用于防御的城墙，富丽堂皇的宫殿，优雅的圣玛丽亚大教堂，该教堂的灵感来源于6世纪中期著名建筑师布拉曼特的设计。尤其是听到大人们谈论神秘的东方世界时，小利玛窦的眼神就会突然放光。在强烈的好奇心驱使下，他还跑到图书馆借来了《马可·波罗游记》这本书阅读，将这本书认认真真地看了五六遍。他被神秘的东方世界深深吸引了，那是一个和欧洲完全不一样的世界，那是一方神奇而又神秘的沃土。但小利玛窦知道自己现在是无法前往东方世界的，他在羡慕马可·波罗的同时，将那份热情冲动埋在了心底。除此以外，利玛窦的兴趣体现在基督教方面，那些在别人看来枯燥的基督教教义在利玛窦眼里就像冬日暖阳一样。利玛窦认为，在基督教面前，厚重的历史、瑰丽的艺术及纯粹的自然都黯然失色，从小他就按时加入教堂重大节日的迎神活动。利玛窦就读于由尼古拉·本奇韦尼神父创办的学校，主要学习语法等基础知识。神父的谆谆教诲使利玛窦受用一生，他曾这样评价神父："年龄小是危险因素的组成部分之一，因此神父用他无私的爱温暖我们，教育我们，逐渐引导我们走向今日的状态。"但由于神父进了耶稣会，在1558年，6岁的他便与神父各奔东西。神父是利玛窦人生的引路人，在利玛窦之后一些的作品里，经常出现神父的影子。

大约在1559年底，教父们出于促进文艺和科学发展的初衷，对教团进行了改组，为了避免圣母教团过度兴盛，被迫将其一分为二，只吸纳18岁以下的少年，7岁的利玛窦刚好符合小分部吸收成员的条件，便顺理成章地成为最早的成员之一。每星期六，他都准时去教堂参加圣母启应祷歌唱。后来他换了礼拜的地点，但是这对于利玛窦来说并没有什么影响，在利玛窦虔诚的世界里，圣母会只是"备修院的进身阶"。

1561年5月，小利玛窦就读于由耶稣会士创办的学校，开启了自己的小学生涯，并且结识了很多后来颇有成就的朋友。利玛窦聪明伶俐，学习上一丝不苟，在文字语言和人文科学方面名列前茅。他目标明确，立志从事教士这一行业，只是在耶稣会和嘉布遣会（罗马天主教行乞修士方济各修会的三个独立分支之一。嘉布遣会的名称是指行乞修士所带的尖帽）中徘徊不定。父亲告诉他说，以你现在的年纪正是认真学习积累知识的大好时期，做重大决定为时过早。利玛窦听从了父亲的意见，决心认真学习。1568年，凭借父亲的人际关系，利玛窦告别了承载着美好童年记忆的马切拉塔，带着父亲的期望，在罗马展开了新一阶段的法律学习。但兴趣是最好的老师，而利玛窦的兴趣在耶稣会创始人圣依纳爵·罗耀拉那里，因此法律对于少年利玛窦并没有吸引力。

利玛窦与同龄人不同，他没有将精力放在谈情说爱中，他喜爱艺术，崇尚自由，渴望在耶稣会继续深造。

1571年,他将自己内心的想法用写信的方式呈现给父亲,信中主要表达了自己对耶稣会的憧憬,以及想加入耶稣会更加深层次地研究教义而不愿结婚的意愿。父亲读完这封信后怒不可遏,他同普天下的父亲一样,希望自己的儿子在合适的年纪做合适的事,他希望利玛窦能谋到好的工作,跟普通人一样结婚生子,过平淡而安定的生活。但当父亲准备去阻止利玛窦加入耶稣会时,病痛的魔爪伸向了他,连续三次都是如此,父亲意识到这可能是天主的旨意,利玛窦注定要进入耶稣会,劝阻的念头便打消了,他不再阻止利玛窦。

1571年8月15日是一年一度的圣母升天节,利玛窦轻装简行来到了圣安德烈备修院。在备修院里,利玛窦专心学习,在法比乌斯·法比伊斯神父的谆谆教诲下,他遍历圣依纳爵"心灵功课"的全过程。这位神父在利玛窦的一生中起到了举足轻重的作用,正因为他的争取,利玛窦在出国传教的道路上迈向了一个崭新的台阶。备修院13个月的学习接近尾声,按照惯例,利玛窦于1572年9月15日在罗马公学登上了学习阶段的另一个高峰。之后一年多时间里,利玛窦奉命由担任耶稣会第五任总会长的克洛德·阿夸韦瓦神父指导。利玛窦一直在罗马公学,他孜孜不倦地学习着知识,这些都是他感兴趣的东西,学习期间,利玛窦感到身心愉悦。他天资聪颖,在很多领域都出类拔萃，尤其在文科、理科、神学领域。同时，在其他领域，他也展现了非凡的天资，为日后出国传教奠定了坚实的基础。当东方传教团检察师马丁·达·萨华招收助手的消息传来，利玛窦立即报名参加，甚至跑到罗马城外去迎接这位传教士。利玛窦如愿获得了大多数人可望而不可即的恩典。

　　利玛窦在耶稣会学习期间，经常听到神父和其他人讲，在遥远的东方，有一个神秘而富庶的国家，有大好河山，人民安居乐业，这个国度与自己的国家完全不同。年轻而富有活力的利玛窦萌生了去这个国家一探究竟的想法，他经常寻找有关东方国家的书籍，汲取书内的知识，只要有机会，他就向去过东方的人讨教，他想知道更多。身为传教士的他，想将自己所学所知在其他国家传授，进而进一步沟通彼此的文化。

　　时间的指针转到了1577年5月18日，这是一个伟大的日子，是他作别罗马受训的时间，他要加入天主教会在世界各地开创的传教事业，这是他开辟人生新征程的日子。但是利玛窦并没有以中国为自己传教之旅的首站，而是先前往金色的印度果阿。出发之前，利玛窦一行人去里斯本请求葡萄牙国王的批准，获得了去非洲和东亚的航海和传教权。

2. 东方的传奇之旅

1578年9月13日，26岁的利玛窦一行抵达印度果阿，然而并非一切都如他们在欧洲设定的计划运行。当时的果阿正值疟疾肆虐之时，举国上下将治病救命作为重中之重，利玛窦一行人觉得此地不宜久留，便改变了传教路线。

当时，已有传教士在中国广东传教，但进展并不顺利。传教士们想要在当地传教，可是语言不通是最大的障碍。后来耶稣会士想到一个办法，与其等待机会，倒不如自己先试探一下人们的反应。一天教士看到一个小沙弥，就上前一把抓住小沙弥的胳膊，他本想把小沙弥拉到自己住的地方，但是小沙弥觉得情况不对，就大喊救命，路人看到一个金发碧眼的外国人竟然敢在光天化日之下强行掳走活人，就大喊："来人呐，有人抢人了！"这一呼喊立马引来更多的居民，他们将传教士围成一个圈，将小沙弥拉出来。众人气不打一处来，大家的想法是，你为何屡教不改，非要让一个佛门弟子跟你信基督，传教士一看形势不对，立马跑回了住所。经过此事之后，远东传教团视察员范礼安神父决定采用迂回的方式来实现传教的初衷，与其强求人民信教，倒不如先学会当地人的官话来接近他们，达到传教的目的。1580年，身担重任的罗明坚神父在去广东肇庆与制台（明清官场中，通称总督为"制军""制台"。是省一级官员中最大的官，是管理一省或数省的军政长官。这里的制台指的是当时的两广总督凌云翼，驻在肇庆）交涉回来之后，由于身染恶疮，故再无力继续谈判，于是他向范礼安推举了利玛窦。同年利玛窦被授予神职神父，前往中国传教。

挑灯夜读的利玛窦

1582年，利玛窦抵达澳门。刚到中国，利玛窦水土不服，极不适应当地的环境，不是拉肚子就是高烧不退，但很快就痊愈了。大病新愈的他在罗明坚和几名翻译的帮助下，努力学习，汉语水平不断提高，但依然无法达到范礼安神父希望他用汉语描述和介绍传教的要求。1583年，传教士们采用贿赂的方式获得了当地政府的正式批文，准许他们在肇庆建立住所和教堂。但是由于建造教堂需要一大笔钱，他们经费有限，罗明坚只得重返澳门继续寻找资金来源，独留利玛窦在肇庆。对于神父们的突然到来，肇庆的居民们十分不满，尤其是秀才们觉得这群人肯定另有所图。当地流传，在此居住的葡萄牙人曾偷吃小孩，居民对他们一直小心提防。利玛窦语言天赋高，而且十分会笼络人心，经常用一些西洋小玩意儿逗周围人开心，但是吃小孩的传闻成为传教的一个极大的障碍。仙花寺建造过程中有人故意将砖头扔到屋里，并将垃圾扔进院中。那些思想迂腐顽固的秀才们还散播谣言，说利玛窦拐卖小孩子。当地的居民本来对利玛窦的印象不是很好，得知这个消息之后，便纷纷叫嚷着要将利玛窦赶出城。幸好肇庆知府王泮并不是昏庸之人，他为了保护利玛窦，让利玛窦专心研究，澄清了谣言，还特意派人保护利玛窦，利玛窦又恢复了安心学习的状态。1584年8月，教堂建好之后，为了进一步完善圣堂，罗明坚神父还带来了大量布施。为了表示祝贺，知府王泮赠送了两块匾额，名字分别是"仙花寺"和"西来净土"。

在王泮的影响与带动下，与利玛窦交往的官员日渐增多。当他在仙花寺内第一次将世界地图展现给观众时，便吸引了许多当地民众来此观看。大家看着从来没有看过的地图，寻找自己的国家，众人反复观看才发现，原来这和大明朝廷之前制作的地图截然不同。在此图上，大明王朝并不是世界的中心，而且在中国以外还存在着许多大国。利玛窦借机，将自己的出生、家庭和经历向观众娓娓道来，大伙儿听得津津有味，十分入迷，都觉得不可思议，像是打开了新世界一样，原来世界上竟有如此多的国家。

地图虽然晦涩难懂，但这幅地图的周围对各地的自然环境、物产以及社会风貌进了文字描述，更为简单明了。之后，应王泮的要求，利玛窦将中国放在了地图中央，又添加了一些简单明了的注释，整幅地图的名字改为《山海舆地全图》，1584年印刷出版。《山海舆地全图》是首张用中文印刷的世界地图。王泮将这幅地图拿给自己的朋友看，还拿了几幅迫不及待地赠送给朋友。随着利玛窦的世界地图在中国日渐传开，中国人的知识库存维度变得更加立体。利玛窦潜心研究中国的民俗风貌，聘请当地的鸿儒硕辅介绍中国的情况，讲解经书。

有了之前的经验，利玛窦发现中国居民面对外来事物的抵触心理强烈，所以他并不急于传教，而是讲求循序渐进。最直接的方式就是用新鲜的西方物件吸引居民的注意力，以消除他们的警惕心。为了更快地取得人们的信任，他们每到一处，便给高层人物送些新奇的东西，从而为将来的传教之行找到护航者。那些拥有远见卓识的中国知识分子，他们渴望学到西方先进的科学技术知识，以达到兴教强国的目的。他们认为："既然是有利于国家的东西，为什么还要考虑这些东西来自哪个地方呢？"随着利玛窦与中国知识分子的交往日渐加深，很多人与他结为好友，甚至还成为他的学生或信徒，这些经历和人脉成了利玛窦在中国传教的基石。

利玛窦将各种天文仪器带至肇庆的街头巷尾参观演示，既吸引了当地人的眼球，又增加了与官员沟通的资本。这些仪器的原材料是铜和铁，仪器将地球表面的原始形状淋漓尽致地展现出来，让人们大开眼界。在所有西洋物品中，最夺人眼球的有两个，一是以威尼斯水晶为原材料的三棱镜，透过它看东西都是五彩缤纷、十分炫目，美煞众人眼球，人们称赞其为"价值连城的宝石"；二是自鸣钟，是印度省区长送给他的，利玛窦自1583年进入肇庆时，就一直携带在身边，它到点即鸣响报时，十分准确，也让人十分羡慕。

虽然利玛窦获得很多名流的支持和理解，但百姓和秀才依然对他不满。护航者王泮也渐渐疏远了利玛窦，一来是担心对利玛窦袒护太多，万一出了问题，自己的乌纱不保，无法继续升官加爵；二来担心自己无法获得民众的支持，被人告发，所以不想再公开支持利玛窦。艾美达修士刚抵达肇庆，就听到一些不和谐的声音：广州一批幕府重臣联名控告传教士，说传教士建立仙花寺花费的巨额钱财来自葡萄牙人，他们试图挑起澳门民变。一时间，人心惶惶，为了稳固统治，平定人心，当地官府连忙受理了此事。但利玛窦并没有放弃，他决定迎难而上，他和艾美达用一个威尼斯水晶三棱镜俘获了当地知府的心，最终帮助他们撤销了控告。虽然控告遭到驳斥，但利玛窦的压力依旧不减。他和他的同伴早已被归为炼金术士一类，因为他们不向任何人化缘的隐修生活恰好契合了民众对于他们财物来源的揣测。虽然利玛窦竭力证实自己的清白，但他越否认，人们就越觉得"此地无银三百两"。于是利玛窦想出一法，他将银制圣杯换成铜镍合金的，但为时已晚，堵不住悠悠众口。

　　早期来中国的欧洲人主观地以为中国人信奉的观音菩萨就是圣母玛利亚，同样，中国人最初认为上帝也是个妇人。由于传教活动和形式与佛教非常相似，所以利玛窦一行人经常被人看作洋和尚，寓所也被看作和尚庙，利玛窦等人的地位在大众心目中等同于从西方来的洋和尚。为了表明汉化的决心，自1585年起，利玛窦给自己取了这个贴近欧洲语音的汉名，如"利"表示"利奇"，"玛窦"表示"马太"；此外，仿中国人习惯,利玛窦取号西泰。虽然如此,那帮秀才和广州慕府重臣们依旧不依不饶地想把利玛窦等传教士都赶走。利玛窦实为烦恼,同年听闻刘节斋正在操练水师,准备征剿扰乱渔民生活、危害当地经济的海盗,这个对西洋传教士来说也是个坏消息。利玛窦听从了肇庆同知的劝告,悄赴澳门向范礼安汇报了一切。范礼安同意,如果肇庆实在没有容身之地,可另寻他处。

上帝时刻眷顾着利玛窦,1589年5月,制台返回肇庆任所,无论王泮如何为利玛窦求情,以及利玛窦通过其他途径进行交涉,都无济于事。制台命令利玛窦等人不许在内地传教。但此事由于广东巡抚的来访似乎出现了转机,广东巡抚听闻此事,决定放利玛窦一马。但这只是昙花一现的转机,巡抚刚走,制台就决定给利玛窦60两银子,让他从哪来回哪去。利玛窦拒收银两,但无论怎样仍无法躲避被押解上船的命运。然而,刚踏上广州的土地,利玛窦又被召回肇庆,制台突然放宽条件,允许他在广东省境内传教,但是广州和肇庆这两个地方除外。利玛窦决定在南雄传教,而制台劝他在韶州(今广东韶关)城的南华寺先试试。1589年8月,到达韶州城的当天,风尘仆仆的利玛窦即刻拜访了韶州知府。虽然南华寺地理位置和预期设想有所出入,但考虑到韶州城各方面条件与传教的要求是符合的,所以利玛窦决定在此定居,放弃前往南雄的打算。传教的曲折仅仅显露了冰山一角，等待他们的还有无尽的艰险。

3. 一波三折的北京觐见

利玛窦在中国的传教生涯可谓一波三折：利玛窦到达韶州后，便寻了一处院子住了下来，他以为自己可以安心过几天太平日子。殊不知早已被当地的强盗盯上。强盗头子让小喽啰每天踩点，察看利玛窦一行人的起居时间，准备趁其不备抢些值钱的物件。一天夜里，这伙强盗在利玛窦熟睡期间，破门而入，听到声响的利玛窦，叫醒身边人破窗而逃。利玛窦因为过于匆忙，不慎摔伤一只脚，从此落下残疾，这仅仅是传教过程中经历的磨难之一。利玛窦在赣江乘船时遭遇沉船事故，幸好有过往船只的搭救，才侥幸捡回一条命。

利玛窦是个随机应变的人，他发觉僧侣的身份使其与儒生们无法沟通，没有人肯搭理他，从而阻碍了传教事业的发展，因此决定入乡随俗，将自己的身份更为文人布道者。他改穿儒生长衫，雇佣仆人，出门坐轿，遵循当时士大夫的礼节，这样也就渐渐地在士林占有一席之地，有了话语权。他在一位学识渊博的秀才的帮助下，阅读自己看得懂却不理解的书籍，甚至还自己写文章。利玛窦深感自己责任重大，充实自己之余,给同伴授课也是他每日的计划之一。为便于其他传教士学习中国文化,利玛窦将《四书》译成拉丁文,还添加了注释方便理解。利玛窦用异乎常人的"局部记忆功能"来进行中文学习和辅导,他多次表演这种特异功能,对四五百个汉字的文章过目不忘,倒背如流,让在场的儒生目瞪口呆。

朝廷这时,又来了一个机会。兵部侍郎石大人的儿子因为院试落榜觉得愧对父母,故而成为心病,整日疯疯癫癫,石大人找了很多大夫,都不见好转。石大人有个籍贯肇庆的朋友,听说过利玛窦的名声,于是他就向石大人推荐了利玛窦。石大人返京途中经过韶州,亲自到利玛窦的住处拜访了他,希望他能够妙手回春,让失智的儿子再次变成正常人。利玛窦抓住机遇,毫不迟疑地答应下来。

就这样,利玛窦终于在1595年得到了第一纸官凭,虽然文书对于时间和地点都有一定限制,但利玛窦能体面地离开韶州,得到了一次去南京的机会,更加零距离地体验中国其他地域的风土人情,这离成功又近了一步。次日,石大人启程先行,利玛窦简单收拾行装,留下郭居静和另外两名修士在韶州,自己带了两名教理问答师紧随其后。此时的利玛窦除了长相有些不同,言谈举止已和中国儒生相差无几。毋庸置疑,利玛窦的革新在教会里引得议论纷纷。但利玛窦和范礼安坚信，想在中国顺利传教，就必须与中国人打成一片，而要拉近与中国人的心理距离就必须入乡随俗。利玛窦还认为，像中国这样的集权国家，若能获得皇帝的认可，就能在地方各省份引起极大反响，所以他迫切想进京面见万历皇帝，劝其信仰天主教。

旅途中，利玛窦恰如其分地向石大人呈上了礼品：一只沙漏计和两把做工精致的扇子。石大人兴致盎然地端详着沙漏，并且和利玛窦交谈欧洲各国的风俗习惯、科学技术和基督教。利玛窦提出想把住所建立在广东以外的省份，石大人告诉他北京和南京都是京城，外人来传教几乎没有什么可能，提议他在南昌修建传教场所。但是当他们到达南京后，陪伴利玛窦的官员对他又失去了兴趣，利玛窦无法继续留在南京，只好辗转来到南昌，并获准在此地建立第三个传教基地。利玛窦将他的书籍和数学用具展示给人们，引起轰动，利玛窦作为科学家声名鹊起，那些随行人员以及来拜会的官员纷纷改口称他为"大人"。

利玛窦第一次进京是在韶州的旧友王忠铭的帮助下实现的。1598年（明神宗万历二十六年），南京礼部尚书王忠铭赴北京述职，正值万历皇帝寿诞，便邀利玛窦一起进京贺寿。9月7日，历经两个月的奔波，利玛窦终于到达心向往之的中国帝都。夏日的酷暑还未消散，传教士们因为无法忍受炎热的天气纷纷中暑，但初到北京的喜悦之情将旅途劳顿的不适驱散。但是天不遂人愿，之后的事情并没按照预想的轨道平稳运行。这时正值日本侵犯朝鲜，整个京城，人们的弦都紧绷着，人们都怕因结识外国人而祸起萧墙。利玛窦虽然尝试了各种办法想留在北京，但囿于人际关系有限，即将身无分文的他，被迫离开。虽未能实现一睹皇家盛况的心愿，但此番北京之行着实收获颇丰。他首先证实了中国与《马可·波罗游记》中记载的契丹毫无二致，而北京便是名副其实的国都"汗八里"。旅途中虽然舟车劳顿，但利玛窦不忘使命，克服种种不便，与神父郭居静一同编修了第一本中西文字典《平常问答词意》，开启了用拉丁字母为汉字注音的先河，这为中西方文化交流建起了一架桥梁。

1599年（明神宗万历二十七年），利玛窦终于在南京安顿了下来，为了继续自己的传教事业，他在此处修建了第四个传教驻地。在南京居住期间，利玛窦在开明人士瞿太素的大力帮助下，加上自身上知天文下知地理学识渊博的魅力，他广交名流，如南京礼部侍郎叶向高、思想家李贽、徐光启等。正阳门(今光华门)内洪武岗西崇礼街(今尚书巷)也活跃着他的身影，这里矗立着当时内地第四座天主教堂——石鼓路天主教堂，这里原本就是利玛窦的居所。利玛窦在南京的传教过程中，在这里进行了许多丰富多彩的活动。

1600年（明神宗万历二十八年），利玛窦看时机成熟，又想进京面见皇上。事情的发展总是一波三折，进京途中由于太监马堂的阻挠，传教士们在天津耽搁了近半年的时间，但最终抵达目的地北京。利玛窦一到北京，首要任务就是将所要敬献的贡品一一整理，一共16件。万历皇帝对这些新奇又自带庄重色彩的宗教圣物贡品颇感兴趣，称十字架上的耶稣为"活神仙"，并把圣母像献给母亲慈圣太后。皇帝本人对大小两架自鸣钟爱不释手，小的那架被他带在身边，大的那架被放在宫内，专司报时。由于自鸣钟首次在中国出现，构造复杂，传教士们需要定期进宫对其进行保养调试。皇帝对进奉的西洋琴也是钟爱万分，他命太监以利玛窦为师学习西洋琴的演奏。利玛窦让助手庞迪教授太监的同时，自己则以宗教赞歌的形式，谱写了精简的中文歌词，做成了八首乐曲，并起了一个美妙的名字《西琴八曲》。每当袅袅琴声萦绕在耳畔，利玛窦博学谦恭的样子便浮现在皇帝的眼帘，正是这些"欧洲方物"之花在宫廷的怒放，芬芳了皇帝，留下极好的印象，为传教士走向宫廷、顺利传教铺就了康庄大道。

1601年（明神宗万历二十九年），明神宗下诏给予利玛窦一行人独特的优待，他们作为欧洲使节被召命带进北京紫禁城，准许在北京久居，给予终身朝廷俸禄。但明朝廷丝毫未察觉到利玛窦此行的终极目的是传播基督教。此后，利玛窦凭借其丰富学识在北京与来往宾客谈论，内容涵盖天主、灵魂、天堂和地狱，同时坚持不懈地编撰新书。

利玛窦在北京居住期间，很多公卿大臣信仰天主教。这当中首屈一指的当属"圣教三柱石"，他们三人分别是徐光启、李之藻和杨廷筠，这些信仰天主教的官员对利玛窦传教事业的推广起着至关重要的作用。首先是供职于翰林院的徐光启，徐光启在南京与利玛窦第一次会面后，两人之间的交流和友谊便不断加深。时间一长，他也就顺其自然地加入了天主教。李之藻当时担任太仆寺少卿，在与利玛窦学习科学技术知识的过程中，加入了天主教。杨廷筠，早年信仰佛教，后来在利玛窦和李之藻等人的感召下加入天主教。这三人在利玛窦遇到困难时，给予他极大的帮助，并提供了经济援助。利玛窦持之以恒的努力，也向朝廷交了一份满意的答卷。利玛窦来到北京之后，他看见上至皇亲国戚，下至平民百姓，都有很多的人信仰天主教，心中有一种说不出的自豪感，那是一种自身文化属性被人认可的满足感。与此同时，中西方交流日渐加深。

利玛窦在北京的传教事业如鱼得水，他与很多达官贵人均有来往。他本以为他最忠实的知己和直接下属会随着传教事业的成功而增加对自己的信任度，但美好的愿望远没有想象中的那么美，他的上级要求他尽快在北京取得正式的居留权，他的下属对他入乡随俗的传教方式仍有微词。这使利玛窦百感交集。1608年（明神宗万历三十六年）年底，他突然想到，来中国这么久，应该把驻华传教团在中国的一切都记录下来。因为最早进入北京的神父只有他一人，最初的情况再无他人知晓，而且他自感生命终点的钟声越来越近。繁重的工作成就了利玛窦名望的同时，也吞噬着他的健康，但他在临终之前终于完成了《利玛窦中国札记》的手稿。这部手稿闻名中外，被世界所熟知。

4. 对中西文化交流的贡献

利玛窦是西方著名的传教士之一，他不仅有渊博的知识，还有宽阔的胸怀；他渴望领略别国的繁荣，也希望将西方的文明带向全世界。在传教的这条道路上，他一心追求文化的传递和交流，遭遇了不少困难，也经历了不少挫折，但是最终实现了他自己的人生目标。作为中外历史长河中广为人知的人物，利玛窦为人类历史所做出的贡献是无法用寥寥

利玛窦——中西文化交流的使者

数语来表达的。利玛窦的中国之行，跨越了空间、时间，是文化、心灵层次的交流。

利玛窦和其他的传教士开辟了天主教在中国传播的先河，同时他也注意把西方的先进文化介绍到中国。利玛窦还是首位对中华文化研究颇深的西方学者。利玛窦自阅读中国文学开始，便一见如故，随着阅读的深入，还对中国典籍进行了更深层次的钻研。利玛窦在中国出版了大量的译著和他写作的著作，比如：

1583年9月，利玛窦与罗明坚进入中国，在肇庆建立了第一个传教驻地。之后，利玛窦出版了第一份中文世界地图《山海舆地全图》。利玛窦制作的世界地图《山海舆地全图》是中国历史上第一份世界地图，在中国先后被12次刻印。而且问世后不久，在江户时代前期也被介绍到了日本。该地图使得日本人传统的崇拜中国的"慕夏"观念因此发生根本性的变化，对日本地理学的发展，有着很重要的影响。北极、南极、地中海、日本海等词汇皆出于此地图。至今，日本仍称17世纪至18世纪的地图为利玛窦系地图。

1595年，利玛窦在南昌停留，在那儿建立了第三个传教驻地，并出版了第一部中文著作《交友论》。该书收入了古罗马西塞罗及文艺复兴时期人文主义大师爱拉斯谟等人论友谊的格言上百则。也有利玛窦根据他对中国人的思想了解而编写的。这是利玛窦所写的第一部华文著作。

从1602年到1605年,利玛窦做了很多知识传播工作。他出版了第三版中文世界地图,起名为《两仪玄览图》,以及其他著作如《天主实义》《天主教要》和《二十五言》。其中《天主实义》也名《天主实录》,是利玛窦翻译罗明坚编写的《新编西竺国天主实录》的译著,起名为《天主实义》。这本书第一次系统地向中国人论证了上帝的存在、人类灵魂不朽大异禽兽,以及死后必有天堂地狱之赏罚,报世人所为善恶的天主教教义。《天主实义》也是最早把星期制度引进中国的。《天主实义》后来被乾隆皇帝收录在《四库全书》中,并有蒙、满、朝鲜、越南及日文译本。

1607年利玛窦与朋友徐光启合作,出版了欧几里得《几何原本》的前六回译本。利玛窦在中国讲课用作课本的《几何原本》,是他在罗马学院学习用的课本,由利玛窦的恩师——当时欧洲著名的数学家克拉维乌斯神父整理编纂。

利玛窦撰写的《天主实录》以及和徐光启等人翻译的欧几里得《几何原本》等书不仅带给中国许多先进的科学知识和哲学思想,而且许多中文词语,例如点、线、面、平面、曲线、曲面、直角、钝角、锐角、垂线、平行线、对角线、三角形、四边形、多边形、圆、圆心、外切、几何、星期等词语,以及汉字"欧"等就是由他们创造并沿用至今。

1608年，利玛窦印刷《畸人十篇》，并在同年开始编纂他的历史著作《基督教远征中国史》，汉译名为《利玛窦中国札记》。

带着西学而来的利玛窦推动了晚明士大夫学习西学的风气。由明万历至清顺治年间，利玛窦一共有150余种的西方书籍翻译成中文。他通过"西方僧侣"的身份，以"汉语著述"的方式，传播天主教教义，并广泛结交好友，上至居庙堂之高的朝廷官员，下至处江湖之远的地方名流，传播西方天文、数学、地理等科学技术知识，他的著述将中西方文化之间碰撞出的夺目火花完美呈现，对中国的近邻朝鲜、越南以及隔海相望的日本也产生了重要的影响。从这点来说，利玛窦的传教活动不仅促进了东西方的宗教文化交流，在这种相互交流融合的过程中，也推动了整个世界文明的发展。

1610年（万历三十八年），利玛窦因病卒于北京，享年59岁。在中国历史上，他是中国皇帝允许在中国安葬的第一个外国人。

意大利文艺复兴时期的伟大诗人——但丁

但丁·阿利盖利（Dante Alighieri，1265—1321），13世纪末意大利诗人，现代意大利语的奠基者。出生于欧洲文艺复兴时期的意大利佛罗伦萨，家族没落，父亲从商。关于但丁生平的记载很少，但可以推断他年轻时并未受过多少正式教育，他的知识储备来源于他的名人朋友们。

但丁崇尚自由独立，早年便加入白党。1301年，在政治斗争失败后被放逐，流浪各国。1315年，佛罗伦萨被军人掌权，宣布有条件接纳但丁，被但丁拒绝。1321年，但丁客死他乡，一直没有回到佛罗伦萨。但丁为人所知并影响他一生

但丁·阿利盖利画像

创作的是一段刻骨铭心的爱情。在其暗恋的女子早逝后，他创作了第一部诗集《新生》，此后又创作《宴会》《诗句集》《论俗语》《王国论》《牧歌》《书信集》等作品，最著名的便是长诗《神曲》三部曲。但丁是欧洲文艺复兴时代的开拓人物之一，世界著名的诗人，最伟大的作家之一。恩格斯评价说："封建的中世纪的终结和现代资本主义纪元的开端，是以一位大人物为标志的，这位人物就是意大利人但丁，他是中世纪的最后一位诗人，同时又是新时代的最初一位诗人。"

1. 早年的创作活动

佛罗伦萨地处意大利中部，是意大利三大旅游城市之一，作为欧洲著名的文艺复兴运动的发祥地，历史上有许多名人诞生于此。这里还收藏着大量文艺复兴时期的艺术品，不愧为当今的"世界艺术之都"。1265年，但丁就出生在这个充满艺术与文化气息的城市。关于他的具体出生日期，一直是个谜。据他后来在诗中所述，他是在双子星的光辉中降临人世，所以大概应该是在1265年的5月21日到6月21日期间。有传闻，在但丁出生的前一晚，他的母亲做了一场异梦。她梦见自己莫名其妙地出现在一片草地上，站在一棵高大的桂树下，在欣赏美景的时候，她生了一个男孩。男孩刚出生便能吃桂叶、喝清泉，长大后，成了一个牧羊人，之后仅化作一只色彩斑斓的孔雀。这个口口相传的传说带着浓重的传奇色彩，可以说是当时人们对于但丁不凡身世和杰出才华最好的诠释。

但丁从小就听母亲讲自己家族的故事，受母亲的影响，他对自己的身世很是向往推崇，认为自己出生于贵族之家，由于家族成员各怀鬼胎，所以才会导致家族没落，无法恢复之前的荣耀。他在长诗《神曲》"天堂篇"中提到自己的祖先是佛罗伦萨的骑士。

1270年，但丁刚刚5岁，母亲就因病去世了。父亲很快续弦，继母为但丁生了两个弟弟一个妹妹。但丁小的时候，继母疏于照顾，由姐姐来照看。因生母之前注重对他的教育，他一向以出身于贵族自居，从小到大，一直保持着良好的品行，邻里之间对他的评价颇好。但丁幼年时，便能创作简短的诗句。传闻，但丁的生母去世后，但丁每年都会在母亲的忌日为她作一首小诗，以寄托自己对母亲的思念之情。幼时的但丁就已经表现出了一个伟大诗人应有的柔情和感性。由于他出生前一晚母亲做的那个神奇的梦，他一直被周围的人视为神童，大家认为但丁的前途一定不可估量，他的未来肯定会像梦中出现的孔雀一样绚丽。

早年时，但丁师从当时的著名学者勃鲁内托·拉铁尼，接受了拉丁文、诗学、修辞学和古典文学作品的教育，其中还包括写拉丁文书信和当众演说，在这方面的学习为但丁日后的政治活动奠定了基础。由于拉铁尼性格宽厚温和，使但丁感受到了久违的父爱，于是但丁就把拉铁尼当成了自己的第二个父亲。他认为拉铁尼是一位"伟大的老师"，而且其"父亲般的形象"也对他造成了深远影响，使其毕生受用。勃鲁内托·拉铁尼在教授但丁文学知识时，对他小小年纪所展示出来的天赋表示惊叹，但丁所写诗句的华丽动人远远超过其他同龄人，他对古典文学作品的见解也颇有独到之处，因为但丁在这个年龄已经看过很多古罗马大师的作品了。拉铁尼对于知识是抱有包容的心态，有时但丁会跟他提出一些稍显偏颇的解释，他会指出其中的不当之处，也会说出其中的亮点，鼓励但丁加深思考。久而久之，但丁对于文学的兴趣越来越浓厚。都说兴趣是最好的老师，但丁在此时培养出的兴趣对他日后的发展有着很大的帮助，为他将来的创作道路奠定了一定的基础。

只有一个愿意创作的人才能写出精美的诗句来，只有一个愿意思考的人才会走出不同的道路。1283年，但丁刚18岁，他的父亲就去世了，父亲生前一直经商，当时的意大利海外贸易兴盛，所以家庭条件优越。但父亲死后，生意惨淡，经营的事业随之破产，家里失去了稳定的经济来源，幸好早年累积下来的积蓄足够维持家庭开销。然而在他幼年时，继母就不喜欢他，父亲不在家时，更是对他冷言冷语，他与弟弟妹妹的关系也不是很好。小时的但丁终日与书为伴，与小狗小猫做朋友，他也喜欢跑到自己专属的"秘密花园"对着植物倾吐心事。他思念母亲在世时的时光，虽然他对5岁之前的记忆甚是模糊，但他记得母亲温暖的手，常常会轻轻抚摸他的头发；他怀念母亲身上独有的体香，他可以随时趴在母亲的怀里撒娇。因此，在父亲去世后不久，已经成年的但丁了无牵挂地离开了并不温暖的家，开始环游世界。

但丁自幼就喜欢诗歌，他通过自学，对许多拉丁诗人的作品、法国骑士的传奇和普罗旺斯的抒情诗都有研究和感悟，这些研究和感悟培育了他广泛而深厚的文学修养。尤其是骑士文学中表现的精神意识、骑士阶级的爱情生活观念，都潜在地影响和作用于但丁的思想，推动了其爱情观的形成与发展，并体现在他的文学创作中。1283年，18岁的但丁初露锋芒，写出的诗作使人感怀，令人动容。1295年以前，但丁主要以诗人的身份活跃在佛罗伦萨，他创作了许多诗歌，留存至今的有70多首。其中最为著名的是由31首诗歌组成并用散文加以连缀的《新生》，主要描写了但丁对贝雅特丽齐的爱。但丁生命中一共有两个重要的女人，第一个是他的生母，在他5岁时就已经去世，第二个就是贝雅特丽齐了。这两个女人都为他的诗歌创作提供了丰富的情感之源。

但丁与贝雅特丽齐的爱情故事，带有神秘色彩。然而，但丁与贝雅特丽齐的相遇，也就两次而已。而且，这两次相见都没有直接的言语相谈，可以说，但丁对贝雅特丽齐的感觉来源于精神上的深爱。他幼年缺乏母爱，对贝雅特丽齐的爱正是他情感缺失的心灵的一个寄托。

1274年5月1日，9岁的但丁邂逅了8岁的贝雅特丽齐。年幼的但丁虽然不知道何为爱情，但是贝雅特丽齐高贵优雅的气质深深吸引了他，仅仅是一面之缘，但丁便将她深深印在脑海中了。直到18岁时，他再一次见到了贝雅特丽齐。时间已经过去了9年，但丁凭借自己超强的记忆力从眉眼上认出了贝雅特丽齐。在他远远地凝视贝雅特丽齐的时候，贝雅特丽齐好像察觉到了他的存在，于是停下与身边人的谈话，朝但丁微微一笑，青涩羞怯的但丁却落荒而逃。就是这两次和贝雅特丽齐的相遇，为但丁日后的诗歌创作提供了可贵的素材和经验。

为了赞美这位心目中的天使，寄托深切的思恋，但丁选择了诗人最易表达情感的方式，用一首首短诗来抒发自己的心意。在这些诗里，他描写了贝雅特丽齐的优雅体态和明眸秀口，赞美了她灵魂的高洁，抒发了对她的思恋和爱慕，表露了恋情给自己带来的忧愁和烦恼……在但丁的眼里，她是神圣而高不可及的天使，是温存和美德的化身。她是一种完美的体现和一种美的力量，她似乎成了他崇高的信仰。然而贝雅特丽齐最终成为一名富商的妻子，曾经梦中的心上人却只能成为过往的回忆，但丁伤心欲绝，感觉生命缺失了光芒。他以对爱情之美的崇拜和敬仰表明了自身的执著追求。也正因此，当这位圣洁的女神出嫁他方时，但丁自然悲不自胜了。

但丁生活在13世纪中期至14世纪前期的意大利，作为文艺复兴的发源地之一，随着经济的不断发展，资本主义已在各城市萌芽。伴随着新生的社会生产方式，新的社会阶层出现了，代表其利益的新政治团体和新思想也出现了。新旧阶层、新旧思想激烈交锋，意大利乃至整个欧洲都处于新旧变革时代。经济和文化异常繁荣，佛罗伦萨在当时已经成为欧洲最大的文化中心和工商业中心，是意大利中部最大的手工业中心和银行业中心。城市经济的快速发展促进了人们思想的进步，但并没有给佛罗伦萨带来政治的和谐以及社会风气的进步，而是发生了一系列难以调和的问题，复杂的阶级矛盾最为突出。统治阶级挑起矛盾，然后从中获得权力和财富，而处于社会底层的劳动人民则深受其苦。这一时期的意大利从政治上来看四分五裂，冲突不断，罗马教皇、神圣罗马帝国皇帝、各地方君主、城市自治机构之间矛盾重重，时常发生或大或小的战争。从但丁的个人经历来看，其所处的佛罗伦萨是新旧变革时期的一个典型的城市共和国。

当时圭尔弗党与齐伯林党的斗争异常激烈，两党分别代表不同的利益，圭尔弗党代表封建贵族利益、支持罗马教皇，齐伯林党支持神圣罗马帝国皇帝且代表资产阶级利益，两党斗争的实质就是新兴的资产阶级和封建旧势力之间无法调和的矛盾。封建贵族势力为了维护自己的统治，打压新兴资产阶级，从而阻碍资本主义的发展。同时，这也是罗马教皇和神圣罗马帝国皇帝之间的斗争。在中世纪，一个人的社会出身基本决定了其人生发展和思维方式，但丁的整个人生也因为时代的变革而有了曲折的经历。他出身于意大利比较低阶的贵族家庭，虽然家族没落，但是他一直以贵族自居，因此他拥戴代表贵族利益的圭尔弗党。在这种复杂的政治背景下，但丁怀着自己的理想主义色彩的政治目标，参与到佛罗伦萨的城市政治生活中。

但丁受父亲的影响，也出于自身的因素，在圭尔弗党内坚决支持共和派。1289年，24岁的但丁卷入了佛罗伦萨政治斗争的旋涡，曾先后参加了两次战役，一次是与阿雷佐城的齐伯林党作战的康帕迪诺战役，另一次是攻打齐伯林党盘踞的比萨城战役。他当时只是一名微不足道的战士，却十分英勇，始终冲杀在战场第一线。他负伤后，在后方医院接受治疗，圭尔弗党领导人、罗马教皇韦尔夫亲自看望了这个英勇的年轻人。他早就听闻了但丁的名字，但那是在诗坛，如今看见但丁浑身是血的模样，他也忍不住感叹："你是但丁·阿利盖利吧，我知道你，我看过你的作品，很好。这么好的才华，实在不应该浪费在战场。"但丁不卑不亢地回应道："我很感谢您这么看重拙作，但是我并不认为在战场上拼杀是在浪费我的才华，相反它可以增加我对政治的了解，加深我对生死的领悟，使我创作出更好的作品来。当初我要加入您的军队时，军队将领经常嘲笑我瘦小，但是如今瘦小的我却做得比他们都好。所以，我想说的是，您不要认为我们这些文人就不能上战场打仗。我的母亲生前告诉我，生而为人，应该有自己的信仰，具备与信仰相匹配的勇气。

如今我二者都有，只需要一个机会。"

身为圭尔弗党的领袖，身为罗马教皇，很少有人敢对韦尔夫这样直言。听了但丁的话，韦尔夫非但没有生气，反而笑着对他说："年轻人，你说得很对，人要有自己的信仰，并且为自己的信仰而不懈奋斗。你的母亲生前一定是个很有气魄的人，才能说出这番话来。"

听着韦尔夫提起自己的母亲，但丁的脸上流露出哀伤的神情。看见但丁的表情，韦尔夫略感歉疚，他又想起了但丁刚刚说的那些话，他决定给但丁一个机会。

经过与但丁的短暂交谈后，韦尔夫对但丁更加看重，认为但丁实为可造之才，他将但丁提拔为将领，但丁的英勇是有目共睹的，所以其他将领也没有提出异议。但丁成为将领之后，在军队的号召力是极高的。

1289年6月，但丁领导自己的军队参加了康帕迪诺之战。1290年8月，他又参加了佛罗伦萨攻占比萨的卡普罗纳城堡的战斗。这两场战斗进行的时间都比较短，但以浩大的声势展开，最后都以胜利收场，但丁在圭尔弗党内的声望水涨船高，获得很多人的认可，圭尔弗党在佛罗伦萨城内势力大增。

同年，但丁得知一个不幸的消息，年仅24岁的贝雅特丽齐去世了。所爱之人纵使走了，但深切、真挚、圣洁和崇高的爱不会消失，反而更加深厚。这个悲痛的消息引发了但丁极度的悲哀,他的痴情、痛苦、哀愁、悲叹,编织成不可抑止的思念之河,尽情地流淌,化作一篇篇凝聚着诚挚"爱情"的短诗在他的声声呼唤中诞生。为了表达自己的眷恋之情和思念之苦,同时也是为了纪念这段还没开始就已经结束的爱情,他将先前写的献给贝雅特丽齐的所有短诗以散文体文句为楔子汇集成篇。这就是但丁的第一部文学作品集——包括31首抒情诗的《新生》。这部文学作品,用散文连成一体,对他来说意义重大。虽然比不上之后长诗《神曲》的含义深刻,却十分符合当时以爱情抒情为主题的清新体诗派的感觉,以自己年少时对贝雅特丽齐单纯的暗恋为题材,一边叙事一边抒情,两者结合,他表露的对贝雅特丽齐的爱情已经远远超出了文学的僵死的框框,他真正地把一个有情人所能够感受到的炽热情感倾吐了出来。既叙写了一个唯美哀伤的爱情故事,又表现了诗人内心深处激动感伤的强烈情感。1293年,《新生》发表之后,但丁一举成名,成了佛罗伦萨无人不晓的大诗人。

但丁离家外出游历时,与圭多·卡瓦尔坎蒂成为密友。圭多·卡瓦尔坎蒂是清新体诗派的领袖,但丁与诗人们互相赠答时,他送给他们的第一首诗就是写给贝雅特丽齐的14行爱情诗。贝雅特里丽齐死后的那段时间里,但丁都是在友人的安慰中度过的。诗人们十分欣赏但丁的才情，在夸赞但丁文笔的同时，还对这段唯美的爱情故事表示惋惜。他们安慰但丁："神给你的一切安排都是为了让你变得更好。"但丁后来慢慢走出精神低谷，重新寻找新的精神依托。他孜孜不倦地研究哲学经典，看了很多哲学著作，积淀了深厚而丰富的知识底蕴，思想也更深邃博大，这段经历让但丁的创作更为成熟。与此同时，但丁还创作了一些有深度的文学作品。正如但丁所言："爱推动了我，爱使我说话。"

但丁在文学和政治上开始有所成就，母亲之前做的那场异梦——男孩成长为一个牧羊人，也预示着他一定会成为一个伟大的政治家。

2. 城市共和的先驱

1293年，民主派领袖基诺·贝拉领导佛罗伦萨市民颁布了世界上最早的宪法《正义法规》。法规颁布的那天，佛罗伦萨城沸腾了。此外，民主派还建立了行会民主政权用以保护法规的执行。最高行政机关由七大行会组成，七大行会分别是羊毛商、丝绸商、呢绒场主、毛皮商、银钱商、律师，以及医生和药剂师，这些人又被叫作"肥人"，另外还要设置六名执政官和一名"正义旗手"，任期均为两个月，届时选举正义旗手为共和国最高领袖,由此看来,佛罗伦萨早期的政治体系基本完善。按行会民主政权的规定,豪门贵族是不被允许担任行政官的,但是后来《正义法规》又于1295年重新修改,规定非豪门的贵族,只要加入任意一种行会,即可担任公职。

1300年,为了能够参与党内的政治活动,处在贵族底层的诗人但丁以哲学家的身份加入了医生和药剂师行会,虽然但丁没有这方面的知识,但是该行会足够包容,它吸收所有文人学者参加。在这个行会中,但丁结识到不少当时在佛罗伦萨甚至在意大利都有名气的作家。在此时,但丁早年游历积淀的丰富知识派上了用场,他的天赋和睿智,使得他在这个行会里地位颇高,担任的公职也不断上升。他曾在市政厅里任职,先是当上了参事,接着被提升为咨询顾问。但丁的能力有目共睹,所以加入行会不足一年的但丁被选举为医生和药剂师行会代表,参加市政机构的百人会议。随后但丁被选为佛罗伦萨六大执政官之一,此时的他已经成为圭尔弗党领袖,这也是他政治生涯的巅峰。

早在1294年,圭尔弗党内部就出现了分歧,一部分人分化为白党,希望城市能够独立自治,这部分人代表银行家和商人利益,反对教皇干预政治。另一部分居民,希望借助教皇的力量翻身,便分化为黑党,黑党代表的是贵族利益。两党斗争异常激烈,情况十分复杂。圭尔弗党分裂之后，但丁的政治主张慢慢地发生了转变，由原来的教皇派开始转向白党，他还写了很多抨击教皇的文学作品。

但丁任执政官时，他虽然是白党成员，但他一切以大局为重，坚持维护共和国，将私人情感置于国事之后。他强调白党和黑党的团结，要求所有党派消除分歧，听命于政府。为了树立共和国的权威，他对自己的好友加佛尔开刀，谴责他政见不一，扰乱军心，最后将他驱逐出境，加佛尔后来病死在流放地，但丁终生以此为恨。那时候，佛罗伦萨人都夸赞但丁大公无私，可是有谁能知道，在大公无私的背后，隐藏着多少心酸，每每午夜梦回，但丁脑海中都是加佛尔离开佛罗伦萨时的孤凄身影。但丁在梦中看到加佛尔离开时看他的眼神，那眼神中蕴含着无尽的祈求和求生的渴望。但丁也一直记得在他下达驱逐令的前一夜，他与加佛尔的交谈。

但丁去了关押加佛尔的囚牢，他看着面无血色、倚靠在墙上的加佛尔，内心充满伤痛，他问加佛尔："你恨我吗？可我也是身不由己，迫不得已，无数双眼睛看着我，兄弟，原谅我。"加佛尔抬眼看了看但丁，用微弱的声音说道："我理解你的良苦用心，我也理解你的苦衷，我不怪你。"但丁与加佛尔说了很多，从初始的相识到如今的反目。他与加佛尔都是清新诗派的代表诗人，二人也因此结为知己。无奈政见不一，落得此种境地。

但丁强烈主张独立自由，成为白党的中坚，也因此得罪了不少人。一些白党成员认为但丁身居高位，却不为白党着想，实在是自私卑怯，甚至有人说他是黑党派来的间谍，专门扰乱白党。黑党也因为但丁不屈服于教皇的压力，坚决反对罗马教廷伸出黑手干涉共和国的内政，挫败了教皇卜尼法斯八世企图控制佛罗伦萨的阴谋，而极端仇恨他。但丁担任执政官期间，正是佛罗伦萨的特殊时期，他成为很多人的眼中钉，甚至因此遭到暗杀。

黑白两党的斗争形势十分复杂，起初白党得势，掌握了佛罗伦萨的政权。而黑党一直在寻找机会扩大自己的势力。在1301年的各项会议上，但丁坚决反对罗马教廷对外扩张，但是黑党的首领奸诈狡猾，与教皇结成同盟，企图借助教廷的力量夺取政权。教皇卜尼法斯八世提供自己驻扎在佛罗伦萨的军队，与黑党联手，蓄谋铲除白党。卜尼法斯八世是一个野心勃勃的人，他一直想趁佛罗伦萨处于内乱时期，夺取其政权。如今黑党主动跑来找他，他决定抓紧机会，一举吞下这块肥肉。

1301年，教皇暗中盛情邀请驻扎在意大利的法国军队，让他们以平息党争为由，铲除白党成员，尤其是但丁。大军压境，佛罗伦萨共和国处于危急关头。白党为了挽救国家于水火，平息战乱，确保共和国的独立和安全，他们派出三名能说会道的使者：但丁、马索·米奈贝蒂和基独·乌巴迪赴罗马。这三名使者以但丁为首，目的是向教皇表示他们忠于教会的诚意，维护佛罗伦萨的自由，同时请求教皇为了维护国家独立，不要让法国军队侵入自己的国家。

教皇卜尼法斯八世害怕但丁的影响力，怕但丁回去号召民众拿起武器反对异族入侵，不利于黑党夺取佛罗伦萨政权，他向另两位使者一再保证自己会履行诺言，但又说他还有重要的事项需要和但丁商议，把两位使者支走。两位使者回去复命时，细心的人却注意到但丁没有跟随他们回到佛罗伦萨，白党失去了主心骨，开始慌乱起来。

但丁对卜尼法斯八世的伎俩看得很清楚，教皇表面上说是有重要的事项想要探讨，实质上就是想把他软禁起来。但丁很是无奈，仅凭他一人之力，已经无法力挽狂澜。他只能在幽深的教廷里，听着外面传来的消息，法国军队一路畅通无阻地开进了佛罗伦萨城，黑党在卜尼法斯八世的帮助下夺取了佛罗伦萨政权，开始大肆屠杀白党成员。

但丁在教廷里度过了好几个日夜，他总是失眠。作为一个重情义的人，每到深夜但丁就会担忧白党朋友们的安危，他不想让加佛尔的悲剧重演，可是此时身为笼中之鸟，他自顾不暇，黑党的首领着手寻找罪名，处治但丁了。

　　1302年1月27日，被软禁的但丁终于再见天日。独自一人的孤独，心灵的煎熬，精神的疲累，都没能压倒但丁，他终于坚持了下来。这天，又是黄昏，天色像被血洗过一样，历经了一次屠杀，整座城市显得死气沉沉，唯一有心思逗乐的便是黑党的成员。这一天，但丁被绑在十字架上，他的眼神里没有恐惧，只有坚毅和决绝，他又想起了贝雅特丽齐，想起了那双每每在黑夜里可以给他安慰的眼神，想到这个，但丁的心里就舒缓了很多。黑党的首领在众人的注视下，将反对教皇、贪污公款和扰乱共和国和平的罪名强加到但丁身上。黑党成员宣判将他开除公职，以后永远不许担任公职，还罚以巨款，要将其驱逐出佛罗伦萨流放境外两年。莫须有的罪名不能让但丁低头，他也绝不认罪。1302年3月，黑党成员又公开对但丁进行了第二次判决，如果其不认罪，就执行逮捕，处以火刑。但丁只能离开故乡，开始流放生涯。

3.统一祖国的伟大抱负

　　虽然流放异域，然而但丁的内心仍然渴望国家统一。在圭尔弗党分裂成黑、白两党的意大利社会，激烈动荡，纷争不已，但丁的思想慢慢发生变化，他的政治主张越来越接近之前的齐柏林党，他痛恨神职人员的腐败无能，慢慢地转而支持封建君主统治。这一点，从他的《论世界帝国》中就可以一窥究竟。

最初，但丁计划与同被流放的白党成员打回老家去，后来他发现这些白党成员愚昧无知，只重视个人利益，内部不团结。他决定离开这些愚蠢而迂腐的"伙伴"。他独自一人筹划，积蓄力量，重新回到故乡佛罗伦萨，他这一生最大的梦想就是统一意大利。

一心希望意大利获得统一的但丁参加了流亡分子代表会议。会议决定重新组织一支队伍打回佛罗伦萨，事实上，双方兵力悬殊，这终归是不可能的。因为但丁特殊的地位和身份，会议委托他去别处借兵。半年时间内，他们一共武装起来了4000名步兵和600名骑兵。这些兵力与黑党相比还是螳臂当车。武力的悬殊已经预示了结果，可是但丁好像被冲动

但丁雕塑像

迷失了头脑。士兵们吃着廉价的饭菜,拿着破旧的武器,怀抱着一丝希望,渴望能重回家园。但丁看着身着军服的少年,不由自主地感慨:当年,自己也是如此年龄冲杀进战场,那时候永远不知道生命会在哪里终结,不知道未来在哪里,只是觉得,应该为这个国家尽一份绵薄之力。

1303年3月,在离佛罗伦萨不远的一个小镇里,这次酝酿了许久的战役以惨败告终。1304年7月21日,他们再一次进攻佛罗伦萨。本来有希望获胜的战役,但因一时心急而全线溃败。但丁转而希望利用和平途径解决问题,他将目光转向主张温和行事的新教皇本笃十一世,但是黑党成员坚决反对,于是和平之路也走不通了。

武装起义失败了,和平统一的希望也落空了,从1304年起,但丁决定换一种方式来实现自己的抱负,他决心利用文学作品,改变人们的思想,唤醒麻木的心灵。在长期流放的过程中,他游走于四方,感受着各地的政治经济文化状况。但丁的生活穷困潦倒,完全依靠友人的接济过日子,但是他始终没有忘记自己最初的抱负。

在他流放期间,他收集素材写作,既接触上层贵族阶级,也与底层人民交往,他深刻地感受到了各地政治经济文化方面的差异,越来越觉得祖国的统一之路任重而道远，也意识到肩上担负的重任。但丁的重要作品几乎都是在流放期间完成的，作品有《地狱》《炼狱》《飨宴》(1304—1307) 和《论俗语》(1304—1305)。

虽然《飨宴》和《论俗语》这两部著作没有完成，但是清晰地表达了但丁的政治意愿。首先是《飨宴》，它是意大利第一部用俗语写成的学术论著，打破了中世纪学术著作必须使用拉丁文的清规戒律。"飨宴"的汉语解释是大摆宴席，这充分表明了但丁想把自己的思想灌输给人民大众的意愿。这部作品最具智慧的部分是关于理性、高贵的观点，虽然但丁没有突破经院哲学的桎梏，仍然认为信仰高于理性，但他强调，唯有理性才使人区别于禽兽，唯有理性才使人高贵，接近上帝。

《论俗语》是意大利最早的一部语言学著作，为意大利民族语言和文学语言的发展奠定了理论基础。这本书的内容主要是探讨意大利语言文化，意大利各地方言众多且复杂，地域之间的联系很困难，但丁打算利用民族语言的统一带动整个国家的统一。正是因为但丁对俗语的推广，使得佛罗伦萨出现了一个典范的佛罗伦萨方言，这是意大利其他地方缺少的，这就是托斯卡纳语居绝对优势的原因。但丁一直观察着政治局势，他发现自己写的著作影响力不够大，思想不够深刻，于是他放弃了之前《飨宴》和《论俗语》的创作，大约于1307年着手创作不朽长诗《神曲》。

在创作过程中，整个国家都陷入一片混乱当中，但丁更加感觉到教皇和一些神职人员的腐败，因此他坚定自己的政治观点。他的信念体现在《神曲》这部宏伟诗集中，他抨击意大利的党派之争，认为人民只有团结起来祖国才有统一的希望；他痛斥教廷干预政治，认为政教应该分离；他渴望借助封建君主的势力，通过君主专制政权统一祖国。

1308年，神圣罗马帝国的皇帝亨利七世宣布将亲临意大利加冕，亨利七世打出的名号是要消除各城邦、各党派之间的冲突，给意大利带去持久的安宁祥和。由此看来，他的目的与但丁是相通的。但丁得知皇帝将亲临意大利的消息，心情异常激动，他当时正住在巴黎友人家中，但即刻赶去罗马。但丁久闻亨利七世的公正贤明，由此受到鼓舞，希望能面见皇帝，表达自己的政治诉求。他联合流亡者，写了《致意大利诸侯和人民书》，并上书亨利七世，把祖国和平与统一的希望寄托在这个贤明君主身上。在这一期间，他甚至停下了《神曲》的写作，他仿佛看见了祖国统一的希望，自己回归故乡的希望。曾经的很多个夜晚，但丁一边写着自己的作品，一边想着故乡的美景，那些古朴的建筑、长满鲜花青草的园地，都深深地勾动着他的心。

但丁面见了亨利七世之后，向皇帝指出了新兴市民阶层的愿望和要求，同时也表达了人民渴望建立统一的意大利国家的强烈愿望。他说，统一意大利的最大阻力便是教会的阻挠，教会的腐败行为，加剧了意大利的动荡。希望亨利七世可以快点动身前往意大利，打击教会势力，而自己可以发挥一名诗人的影响力鼓动民众，欢迎神圣罗马帝国皇帝统一意大利。除此之外，但丁还给意大利各地的统治者们写信，信中主要讲了意大利统一之后的好处。他告诉大家，依靠教皇的力量，意大利是不会实现发展的。他还邀请好友帮忙宣传自己的政治意愿。另外，他还写了作品驳斥依靠教皇的黑党成员。但丁为了实现祖国统一的愿望，一直四处奔波，但是他把统一祖国的伟大抱负寄托在神圣罗马帝国身上，殊不知当时的事实却是，册封亨利七世为神圣罗马帝国皇帝只是教皇为了抗衡法王菲利普的一种手段，当亨利七世幻想建立统一的帝国，威胁到教皇的权威和割据势力的切身利益之时，教皇和意大利各地的割据势力都不会承认亨利七世的权力，这样他的失败也是必然。

1310年，神圣罗马帝国皇帝御驾亲征，浩浩荡荡的大军开进了意大利。1312年，亨利七世率兵攻打佛罗伦萨，但丁终于等到了这一天。可是亨利七世却在行军途中感染风寒死于军营，但丁的政治幻想宣告破灭。亨利七世代表了一个悲壮又浪漫的形象，他的悲剧印证了一句话："生命很残酷，用悲伤让你了解什么是幸福。"

1315年，但丁也曾有机会重新回到佛罗伦萨，当时佛罗伦萨的黑党统治者宣布实行特赦，获得赦免的人员也有但丁。但是如果想要返回佛罗伦萨，他必须接受十分苛刻的条件。佛罗伦萨当权者要求被放逐的人"付一笔罚金，然后头上顶灰，颈下挂刀，游行街市一周，就可以返国"。但丁断然不会用这种屈辱的方式返回故乡，他十分看重自己的人格和名誉，并且一直渴望意大利统一之后，光荣地回到故土。他说："我的老舅，这种方法不是我返国的路啊，要是损害我但丁的名誉，那么我决不再踏上佛罗伦萨的土地！难道我在别处就不能享受日月星辰的光明么？难道我不向佛罗伦萨的市民躬身屈节，我便不能亲近宝贵的真理么？"这段给舅舅的回信，显示了但丁思想的巨大变化，回不回佛罗伦萨已经没有之前那么重要了，世界上任何一个地方都可以享受日月星辰，都可以去亲近真理。1315年11月，佛罗伦萨政府将他和他的儿子们一块判处死刑，但丁和妻儿不得不踏上流亡欧洲的道路。

但丁晚年一直定居在古城拉文纳，在这里他暂时搁置了自己的政治愿望，专心创作《神曲》。拉文纳的统治者是一个惜才之人，看见但丁的落魄模样，于心不忍。在他的精心安排下，但丁的妻子也与他重聚，他的三个儿女也相继来到了他身边。但丁已经几十年没有见过自己的家人了。在外连年奔波，他的身心早已疲惫，脸上也显露出沧桑，而他的儿女们也已认不清父亲的模样，如今全家团圆，大家都泪流满面。但丁的晚年得以在这里安然度过，直到1321年去世。

4. 跨时代的伟大作品

但丁在被流放的初期，一直不曾放弃祖国统一的梦想，他也曾经期望以胜利者的姿态回到自己的故乡，但是一次次的努力和失败，让他的政治幻想破灭。在流放的生活安定下来以后，为了证明自己的无罪，他计划写一部伟大的作品来证明自己的清白。

但丁写作《神曲》始于1307年，在1321年逝世前不久完成。《神曲》原名《喜剧》，薄伽丘在《但丁传》中给这部作品冠以"神圣的"称谓，后来的版本便都以《神圣的喜剧》作为书名，中译本即通译为《神曲》。

《神曲》全诗分为《地狱》《炼狱》《天堂》三部，每部33篇，前面有一篇序诗，共计100篇，14233行。每部都以"群星"（stella）一词结尾，彼此呼应。这种由数字3和10建立起来的精确对称的布局结构，体现出中世纪文化所具有的神秘象征意义。

《神曲》以第一人称的形式，记述但丁自己35岁（喻指人生的中途）时，误入一座黑暗的森林（象征罪恶）被三只猛兽拦住去路，一只母狼（象征贪欲）、一只狮子（象征野心）和一只豹（象征安乐）。在他呼救时，古罗马诗人维吉尔的灵魂出现在他面前，告诉他没法战胜这三只野兽，而指给了他一条新的路径。维吉尔带他穿过地狱、炼狱，然后把他交给他当年暗恋的情人——贝雅特丽齐，带他游历天堂，见到上帝。

　　在但丁描述的世界里，地狱是一个大漏斗，越向下所控制的灵魂罪恶越深重，直到地心，魔王撒旦掌握漏斗顶端，人的灵魂从这里爬过去，进入地心的另一面便是炼狱。炼狱如同一座高山，灵魂在这里忏悔涤罪。这座高山分七层，象征人的七大罪，每上升一层就消除一种罪过，直到山顶，升入天堂。天堂又分九层，越往上的灵魂越高尚，直到越过九重天，就真正进入了天堂。这里是圣母和所拯救的灵魂所在，经圣母允许就能见到上帝了。

　　在经过地狱、炼狱、天堂的路上，但丁和所遇到的灵魂交谈，这些灵魂都是历史上好的或坏的著名人物。他将自己喜欢或厌恶的人区分开来，将他痛恨的教皇和一些佛罗伦萨人打入地狱。这里有他对人间善恶、人生命运和社会公义的理解，也有他对神学和基督教的看法。面对封建主的暴虐无德，意大利的社会动乱和生灵涂炭的现实，他满腔忧愤地写下这样的诗行：

> 呜呼，奴隶的意大利，
> 痛苦的温床，
> 你是暴风雨中失去舵手的孤舟，
> 你不复是各省的主妇，
> 却沉沦为娼妓！

因此，他希望建立一个中央集权的国家，保障意大利的统一和富强，"使世界获得稳固的和平，使雅若的庙门关闭"。

但丁身处于新旧思想交锋激烈的时期，因此，他的思想也具有一定的双重性，其中既有中世纪宗教神学的影子，又有新思想的萌芽，他主张追求新文化，却由于时代的局限，在早期受到了很多旧思想的影响。虽然他在某种程度上超越党派之争，思考的范围已扩大到全世界全人类，但他的世界还是局限在基督教的世界。可以说，他是旧世界里执著的守望者。

他所创作的《神曲》在当时乃至现在都是经典之作。《神曲》以叙事的手法表达了诗人的愿景。在当时的社会背景下，《神曲》这一跨时代的伟大长诗作品，不仅代表了文学创作的高峰，也有深刻的时代意义。作品记录了作者对社会的思考过程，但丁在流放中更多思考的是意大利乃至全人类的命运，其中评判了意大利现实乃至古代人们的罪孽，时时刻刻表露出对意大利混乱现状的焦虑。深受党派斗争之苦的但丁看到教皇干政与皇帝无能的结果，他渴望强有力的世俗政权来建立一个统一的君主国家，认为人类要实现永久和平，就必须由一个强大而高贵的民族凌驾于各民族之上。《神曲》为当时的学者们所重视，并奉上神坛。而在如今，很多专家学者依靠这部作品分析中世纪时期意大利的社会发展特征。这部作品是但丁用意大利方言写成，对于研究意大利的民族语言也很有帮助。

但丁是中世纪第一个强调人性的诗人，反对教皇提倡的禁欲主义，他主张人是一个自由的个体，应该追求理想，坚定理性，鼓励世人追求爱情，从僵化的思想中解脱出来，而不是一味听从父母与家族的安排，放弃自我的追求，其《新生》诗集就明显传达了这种思想。他希望世人勇于找到自我，抛弃世俗偏见，从世俗中找到自己的价值。

但丁是现代意大利语的奠基人物，是中世纪时期的伟大诗人。长诗《神曲》和但丁的先进思想对欧洲后世的诗歌创作有着极其深远的影响。《神曲》的问世也向大家证明了：但丁是文艺复兴的伟大先驱，他站在时代的前列，是社会进步的奠基者。但丁，不愧于"文坛三杰"之一的美名。

文艺复兴第一巨人——达·芬奇

列奥纳多·达·芬奇（Leonardo da Vinci，1452—1519），是欧洲文艺复兴时期的著名人物，是天才的科学家、发明家、画家。他出生于意大利佛罗伦萨芬奇镇的一个富裕的公证师家庭，但他是父亲的私生子，5岁前一直跟随母亲生活。1457年后，他才回到父亲家，接受教育，自幼就有艺术天分，并且聪颖好学，进步很快。1499年，为避战乱出国，达·芬奇开始研习科学。1500年，他回到佛罗伦萨，开始创作《蒙娜丽莎》。1513年，达·芬奇移居罗马，1516年赴法国，定居于昂布瓦斯。达·芬奇一生的作品并不多，但每一件都是传世之作，他把科学与绘画巧妙地结合在一起，创作出了具有独特个性的经典作品，如《吉内薇拉·班琪》《博士来拜》《最后的晚餐》《抱银鼠的女子》《圣母子与圣安娜、圣约翰》等，代表了那个时代艺术领域的巅峰。

达·芬奇画像

达·芬奇可以说是文艺复兴时期的第一巨人，他兴趣广泛且头脑灵活，除了是一名画家以外，还是当时小有名气的雕刻家、建筑师、音乐家、数学家、工程师、发明家、解剖学家、地质学家、制图师和作家等，涉及天文、地理、文学、艺术、数学、物理、化学、生物等众多领域。达·芬奇对艺术和科学发展所作贡献是前所未有的，即使在科学高度发达的今天，他的艺术和科学成就仍然不容忽视。后代的学者称他是"文艺复兴时代最完美的代表"，是"第一流的学者"和"旷世奇才"。

1. 初出茅庐小天才

时间倒回到 5 个多世纪以前，达·芬奇出生于距离佛罗伦萨约 32 公里的一个叫芬奇的偏远小镇。他后来的伟大成就照耀了这个名不见经传的小镇，如今的人们常常把这个小镇的名字和这位伟大人物的名字联系在一起。

1452年4月15日，黄昏过后，天边紫霞的余韵还没有完全褪去，芬奇镇的宁静被一阵啼哭声打破，一个小男孩出生了，他就是达·芬奇。

达·芬奇的父亲叫瑟·皮耶罗·达·芬奇，是当时很有名气的法律公证师，家里非常富有。他的母亲卡泰丽娜是老达·芬奇手下一个佃户的女儿，勤劳朴实，长相清纯可人，完全不像是一个长久在田里做工的农家女儿。老达·芬奇看中了卡泰丽娜的美貌，便瞒着家里人悄悄与她私会，慢慢的，两人的情意越发浓厚。达·芬奇就是父亲和母亲私通之后产下的私生子。单纯的卡泰丽娜一直想着能与老达·芬奇有一段幸福美满的婚姻，可是她从未想过两人是门不当户不对的，老达·芬奇怎么可能会将她娶进家门呢？而身为私生子的达·芬奇也因为血统的原因不被重视。谁能想得到，弱小少年未来会成长为影响世界的大师呢？

后来，老达·芬奇并没有兑现自己对卡泰丽娜的承诺，卡泰丽娜在生下达·芬奇之后一直在老达·芬奇的农场里工作。这个坚强的女人独自一人将达·芬奇拉扯到5岁。5岁之前的达·芬奇一直跟随母亲待在芬奇村。年幼的达·芬奇活泼好动，聪明伶俐。卡泰丽娜农闲的时候就陪达·芬奇去田野里捕蝴蝶、捉蚂蚱，从田野里，达·芬奇感受到了太多的童年乐趣，也感受到了母亲独自一人抚养自己的辛酸。与此同时，他也看到了下层人民生活的不易。这些童年时期来自现实生活的感触潜移默化地影响着达·芬奇，为他以后的创作埋下了种子。

1457年，他的生活发生了翻天覆地的变化。老达·芬奇娶的妻子无法生育，此时，他终于想起来自己还有一个儿子在芬奇村过着贫穷的生活。他一心只想将达·芬奇带回去，却不理会卡泰丽娜作为一个母亲与儿子分别的痛苦。善良的卡泰丽娜明白，达·芬奇只有跟着父亲才能受到更好的教育，只有这样，他的天赋才不会被白白埋没。于是，她狠下了心，将达·芬奇交给了老达·芬奇，并反复叮嘱他要善待达·芬奇。可是在还不谙世事的达·芬奇心里，自己从未有过父亲，而这个陌生男人的到来，不仅打乱了自己原本平静的生活，还对母亲说出那番狠心冷漠的话，他在内心深处对这个男人充满了怨恨和抵触。可是他还是按照母亲的意愿，去了老达·芬奇的豪华住所。可怜的卡泰丽娜后来嫁给了一位农民，却由于生活贫困，思子心切，不久便去世了。

关于达·芬奇的童年没有详细的史料可以参考，我们只知道在他5岁之后，是缺乏母爱关怀的，虽然他一直思念着自己的母亲，终是没能再见。

走进新家时,老达·芬奇摸着儿子的头说:"达·芬奇,以后这里就是你的家了。之前由于一些原因,我没能好好照顾你,我希望你不要怨恨我,做个听话的好孩子,以后我会好好弥补你的。"说完便交代仆人给达·芬奇准备一间卧室,里面还都换上了全新的家具,毕竟,达·芬奇是他唯一的血脉,他认为物质上的满足就是对儿子最好的安慰。

达·芬奇虽然不喜欢面前的这个男人,但是临走前母亲交代过要听他的话,因此听完父亲的一番话,他默不作声,点了点头。老达·芬奇看见儿子闷闷不乐的样子,以为是他来到了新环境还不适应,殊不知达·芬奇对这个地方充满着反感。这个大别墅里太压抑,他十分怀念与母亲在一起的自由生活。

老达·芬奇记得卡泰丽娜曾经说过,达·芬奇有非凡的天赋,一定要给他提供良好的教育。他也很好奇儿子的聪明才智是否像人们说的那样神奇。为了测试小达·芬奇,他出了一些数学题,测试的结果让他十分惊讶,这孩子果真是个天才,他一定要好好培养。他似乎在达·芬奇身上看见了家族的希望,可是儿子好像并不完全理解父亲对他的期望,他经常和父亲顶撞,但是老达·芬奇并不计较,他对儿子抱有很大的期望。

在父亲的安排下,达·芬奇在幼年接受了良好的教育，他兴趣广泛，学习了多种才艺。达·芬奇的歌唱得非常好，还会很多的乐器，其中最熟练的当数七弦琴和长笛了。他经常在邻里之间的聚会上展示自己的才艺，受到大家的夸赞。老达·芬奇作为一个爱面子的人，自然感觉很开心，对儿子更加重视。

达·芬奇最擅长的其实是绘画，后来因此扬名世界。当初和母亲卡泰丽娜生活在一起的时候，达·芬奇就特别喜欢画画，可是家里的条件不足以让他去专门的绘画班学习，所以他就观察田野里的小动物，并把它们画得惟妙惟肖。卡泰丽娜已发现达·芬奇在这方面拥有非凡的天赋。

达·芬奇是从1466年开始系统学习绘画的。那时他跟随父亲搬到佛罗伦萨，并在那里定居。父亲给他找了当时意大利最有名的绘画大师韦罗基奥做老师。韦罗基奥还是当时著名的雕刻师、首饰家和工程师。事实证明，这个决定是极其正确的。达·芬奇跟随韦罗基奥学习艺术，开启了新的艺术领域的大门。他在韦罗基奥工作室待了6年，也就是在这个画室里，他从扫地、洗画笔这些基础工作开始做起，一步步成长，开始画一些简单的东西，并对绘画艺术中的透视和解剖产生了浓厚的兴趣，这为他以后进行科学研究打下了坚实的基础。由于达·芬奇天赋斐然，再加之刻苦努力，他的进步很快。韦罗基奥对他的评价很高，他认为这个年轻人将来的成就一定会很高，甚至可以取代他在画坛上的位置。韦罗基奥很是欣慰，自己可以收到这样一个聪慧的徒弟。之后韦罗基奥应邀去当地的教堂作画，都会带上达·芬奇。耳濡目染中，达·芬奇对艺术的理解更加深刻。韦罗基奥在雕刻方面的造诣也很高深，达·芬奇在很大程度上受到他的影响，后来也成为雕刻大师。

1470年，韦罗基奥应邀参加《基督的洗礼》的绘画工作，像往常一样，他带上了自己的得意弟子。在这幅画的创作过程中出了一个小插曲。韦罗基奥不在的时候，他的一个学生不小心将画上的一个小天使蹭坏了一块。这样一来，这幅画就要重新创作了。一时间，他的学生们都不知所措。这个时候，达·芬奇站了出来，他拿起画笔想要补救那幅画，可是却被旁边的人制止了。

"达·芬奇，你要干什么？"

"你们难道没有看见吗？我想要在老师回来之前挽救这幅画。"达·芬奇面无表情地说道。

旁边的学生讥笑道："达·芬奇，我知道你是老师最看重的弟子，可是你也不要眼高于手，还是等老师回来再说吧。"

达·芬奇看着周围人一副看好戏的样子，不由觉得好笑，心想，不敢尝试的人哪里有资格成功，于是对这群人说道:"你们可以不帮忙,但请安静点。"

听了达·芬奇的话,人群中的嘈杂声顿时没有了。有人抱着侥幸的心理,希望达·芬奇可以修复这幅画,但有人却想看热闹,巴不得韦罗基奥回来教训这个胆大妄为的学生。

大家都在静静地看着达·芬奇作画,时间一分一秒过去,韦罗基奥终于赶回来了。刚开始时,他看见达·芬奇拿着画笔在自己的画作之前不知道在干什么,一阵怒气冲上头。他匆匆赶过去,却被眼前的一幕惊呆了。现在画面里出现的那个小天使安琪儿,比韦罗基奥画出的其他形象更加逼真生动。安琪儿的眼神中仿佛透着柔和的光芒,他身后的景物也栩栩如生,这个人物像要浮出画面一般。韦罗基奥的眼神由愤怒转变为惊讶,再到后来完全是欣喜。那些等着看达·芬奇笑话的人终于失望了。他们看着画上的天使,眼神里都泛着不可思议的光芒。

韦罗基奥看见达·芬奇的画作之后,为拥有这样出色的学生而惊喜,也为自己的技艺不精而沮丧。他突然心灰意冷,感叹这么多年积累的经验居然败给了一个初出茅庐的年轻弟子。他放弃了自己钟爱的绘画事业,转而专心研究雕塑。

达·芬奇知道之后,心里却很不是滋味。韦罗基奥安慰他说:"没关系,达·芬奇,你是个人才,比我要厉害很多。不过你也不要骄傲，好好努力，这个世界上，厉害的人有很多，但是老师相信你会达到巅峰。"达·芬奇暗暗将老师的话记在心里。这件事被后人传颂流播，免不了增添一些虚幻的成分，但是当时达·芬奇的艺术才能和天赋是无法忽视的。

除了绘画，达·芬奇在其他艺术领域的成就也很高。首先是音乐方面，他最擅长笛子和竖琴，而且可以自创词曲，边弹边唱。达·芬奇还擅长数学，他上的是综合性学校，除了学习一些艺术之外，还学习专业课。他上课时经常提出一些让老师都感到窘迫的问题。年轻时的达·芬奇向世人展示了自己的天才。

达·芬奇有很多爱好，但是绘画却在他的心中占据了无与伦比的位置，每天放学回家，连饭都顾不得吃，就要拿起画笔匆匆地画上一两笔，邻居们看着达·芬奇的这副模样，都称他为小画家。但是在那个时代，绘画受人轻视，父亲并不十分想让儿子走这条人生之路。为了让父亲支持自己的梦想，达·芬奇费了不少口舌，最后用实践证明了自己的能力。

当时，邻居家的盾牌总是被偷。老达·芬奇受邻居的委托，要在盾面上绘一幅令人害怕的画，以防盾牌被偷。起初，他并不想接受这个请求，可是忽然想起了正在学艺的儿子。他将盾牌扔给达·芬奇，说了人家的要求后，便不管不问。后来，达·芬奇画出了一个可怕的妖怪美杜莎。传说，这个妖怪可以将人化石，达·芬奇画出的美杜莎栩栩如生，仿佛要从画中跳脱出来。父亲初见时被吓了一大跳，而这面盾牌也因这幅精致的画作而显得分外珍贵。后来这面盾牌以100金币的高价卖给了一位佛罗伦萨的商人，商人又以300金币转卖给米兰的公爵，而那个邻居最终得到的却是商店里买来的画，画已不是达·芬奇的原作，而是原画的印制品。从此之后，父亲再也没有干预过儿子人生之路的选择，达·芬奇的技艺已经将他深深折服了。

2. 登上艺术巅峰

达·芬奇的画作虽然很少，甚至有些都未完成，却有着突破性的时代意义。在当时，到处都充斥着宗教派的画风时，达·芬奇那种带有人性光辉美的画作无疑是一股清流。

《受胎告知》是现存的达·芬奇最早的作品，作于1470—1475年（一说1472—1473年）。据史料所载，这部作品是达·芬奇在没有导师指导的情况下独自完成的。这幅画初步体现了达·芬奇的透视法原理，即如何将现实世界中的三维空间表现在一个二维平面上，使这个平面在视觉上具有真实空间的立体感和距离感，它体现了艺术和科学的完美结合，使形体和空间具有现实中的真实感。1474年，达·芬奇又创作了一幅在当时引起争议的画作《吉内薇拉·班琪》。在这幅画作中，达·芬奇依旧延续了透视画法，与当时流行的画法截然不同。虽然画作很精致，但还是引起了守旧人士的不满，当时佛罗伦萨的大师很多，人们对于这个名不见经传的小子多半是瞧不起的。有人说，他的画是在背离传统，标新立异；也有人反驳说，这是15世纪绘画艺术的突破，这个年轻人的画法应该延续下去。透视学虽然属于科学领域，但它随着绘画和建筑的兴盛而发展起来的。

在15世纪，透视画法确实是最重要的科学发现之一。英国《自然》杂志社所编《科学之书》，一共列举了25项影响人类历史的重大科学发现，在这些发现中，按照时间的先后顺序，透视画法排在第16位。如今，透视学已经广泛应用于各个领域。

达·芬奇在1472年加入画家协会。1481年他创作的《博士来拜》标志着他的艺术风格达到了成熟期。画作虽然没有完成，但是从一系列的构图和笔调来说，是对当时传统题材的彻底突破。画作中已经完成的人物形象表情自然柔和，动作舒缓流畅，观者如身临其境，与画中人物面对面一般。这是中世纪绘画艺术的一次重大突破，达·芬奇功不可没。

1482年，达·芬奇来到当时的艺术之都米兰。

1482—1499年，可以说是他艺术生涯发展最顺利的几年，他最初是以音乐家的身份火遍米兰的，后来才慢慢显露出他的绘画才能。他曾经给米兰公爵演奏过竖琴，那美妙的声音，令公爵回味无穷，好几天都难以忘怀。消息传开来，满城的人都知道公爵被一场竖琴表演深深吸引了，而表演竖琴的乐师，他的名字叫作列奥纳多·迪·皮耶罗·达·芬奇。因为公爵的地位高贵、品位非凡，所以他对米兰流行时尚的影响力不同凡响，他所欣赏的达·芬奇不久之后就红遍了整个米兰。达·芬奇在米兰的风云时代从此开始。

但达·芬奇的爱好并不在音乐上，他的研究广泛，常常因为研究而不去表演，因此他的生活慢慢陷入贫困。为了维持生计，也为了有经费进行自己的研究，他写信给米兰大公卢多维科·斯福尔扎。斯福尔扎是一个惜才之人，达·芬奇希望可以依靠他的帮助，凭借自己的绘画才能在米兰大展拳脚，而不是凭借音乐才能扬名。在信中，他大胆地毛遂自荐，向斯福尔扎说明了自己的各种优秀才能。在信的最后，为了表示自己的诚意，他说愿意为斯福尔扎的父亲塑造一座骑马青铜雕像。

斯福尔扎十分看重达·芬奇的绘画才能，便将他接到了自己的别墅中。达·芬奇按照约定，给斯福尔扎的父亲制作了一座巨大的塑像。为了感谢达·芬奇

《最后的晚餐》

的辛勤付出,也为了留下这个人才,斯福尔扎给达·芬奇安排了一个工作,为米兰的格雷契修道院餐厅画一幅壁画。

  在这幅画之前,达·芬奇没有想到这会将他推上神坛的位置。这幅著名的画作就是《最后的晚餐》,这是达·芬奇最负盛名的作品。《最后的晚餐》主要表现的是耶稣被逮捕前和门徒们在餐桌上诀别的情形。达·芬奇将目光集中于整个画面的结构和人物座位的布局,他将教主和门徒都放在一列,通过神情、动作、眼神等细节来表现人物的独特性。在建筑物的刻画上,依旧运用透视法,使读者产生身临其境的感觉。画中的情景可以解读为:耶稣召集自己的门徒来聚餐,一番平静的交谈过后,耶稣突然扔下了一枚炸雷:"你们这些人当中,一定有人出卖我了。"人们在一瞬间的震动之后，便炸开锅来，都在猜测那个没有良心的人是谁。由此，耶稣的目的并不是聚餐，而是当众揭开犹大的虚伪面孔。在整幅画中，耶稣和犹大的动作和神情最为经典，耶稣作为神灵的化身，他的眼神里永远都闪烁着智慧的光芒，而犹大在接受了耶稣的恩惠之后却做出残忍的卖主之事，画作上的犹大是一副卑鄙、猥琐的形象。

达·芬奇在创作这幅画时，花了很长时间。刚开始时，达·芬奇没日没夜地拿着画笔，在墙壁上涂涂画画，可是后来画到两个重要的人物耶稣和犹大时，达·芬奇的速度却慢了下来。他放下了画笔，双臂交叉在胸前，静静地看着整幅画作，仿佛在思考着什么。当时，达·芬奇的酬劳是按时计费的，格雷契修道院的院长并不懂得艺术，他以为达·芬奇是在故意拖延时间"骗取"更多的钱，于是便去催达·芬奇快点完成这幅画。这个老男人喋喋不休，达·芬奇却没有心思理会他，他那时候只是想着如何画好犹大这个人物形象。

于是院长便去找大公斯福尔扎。他说："尊敬的大公先生，你找的这个画师真是太让人失望了，时间已经过去了数天，他却迟迟不肯完成这幅画，依我看，他只是想要更多的钱。"

斯福尔扎并不喜欢这个迂腐小气的院长，相反他对达·芬奇很有信心，于是批评院长说："你这可是想多了，这个年轻人的才能是我亲眼所见的，难道你连我的眼光也不相信了？"院长惶惶然地低下了头小声道："当然不敢。"

他没想到的是，在他回去之后没几天，达·芬奇就把《最后的晚餐》画完了，他暗暗得意地想：不论你是多么有名的画家，在权势面前就什么也不是了。他以为达·芬奇是迫于大公的压力才加快速度作画的，但当他过去看那幅画的时候，却发现那个犹大的头像很熟悉，仔细一看，居然是自己。在当时，画家们画中的人物形象都可以从现实生活中找个人物原型来，可是这个阴狠猥琐的反叛者却让达·芬奇发起了愁，要把这个人物画成怎样的形象呢？直到院长的出现，才让达·芬奇的心里一下子有了灵感。

院长想到自己之前一直催促达·芬奇作画，还去大公那里告状，甚至要克扣他的工资，便一下子羞红了脸，原来自己之前的行为也是一个卑鄙的小人之行径。从那之后，院长再也没有脸面去见达·芬奇了。达·芬奇巧妙地报复了这位院长，后来斯福尔扎也知道了这件事，不但没有生气，还奖赏了达·芬奇。

这一段故事，是人们为了增强达·芬奇人生的传奇色彩而编造的。我们被这个故事逗乐的同时，更加向往达·芬奇的智慧与天才，因为真实的他更为睿智，更为博学。

1499年，为了躲避国内战乱，达·芬奇在曼图亚和威尼斯等地游历，并进行一些其他领域的科学研究。在这一时期，达·芬奇的绘画作品并不是很多，但是他在科学领域获得了突破，并且将自己掌握的生物与力学等方面的知识运用到绘画方面。

1500年战乱平息，达·芬奇回到佛罗伦萨，他想在国内做出一番成就。伴随着共和国制度的恢复，文化气氛重新活跃起来，达·芬奇生活的时代正好是文艺复兴的巅峰时期，画坛上先后出现了米开朗基罗、拉斐尔·圣齐奥等杰出人物，这些画坛的新星站在巨人的肩膀上眺望世界，并且看得更远，成就不凡。他们也从达·芬奇的一些构图原理和画法中汲取经验，加上自己的理解，创作了很多经典的画作，这正是他们发挥才干的时期。达·芬奇突然感到一种被时代遗弃的落寞感。在这里，他研究科学，但是被人认为是魔法，认为他是巫师一类的人。他深受打击，最终离开了罗马。从此，他的晚年颠沛流离，除了一个钟爱的徒弟，没有亲人伴随在身边。

但是在1500年，达·芬奇创作了《蒙娜丽莎》，这是达·芬奇巅峰时期的作品。达·芬奇同母亲住在一起时，就感受到平民的苦痛，在潜移默化中，他深受人文主义思想的影响，因此在他的画作中，往往会

《蒙娜丽莎》

体现出一种人性美,这在当时宗教统治的环境下,是难能可贵的,也从侧面体现了达·芬奇思想的先进性。

当人们看到美好的事物时会发出由衷的赞叹,想要把它以某种方式表达出来,这样就产生了艺术作品。达·芬奇认为艺术创作就像镜子一样反映自然的世界,处在文艺复兴这个思想解放的时代,他画出了不再是以往那种神圣化而是普通的女子形象。

在这幅画中,女子微微侧身,双手搭在一起,端坐于画中。她的眼角和嘴唇微微上翘,微妙的上翘弧度和若隐若现的朦胧感,展现出了她的端庄和神秘。同时,达·芬奇对她双手的细致刻画使她显得更加温柔典雅,这一切在朦胧的背景衬托下更具魅力,这种朦胧迷离了欣赏者的双眼。达·芬奇认为："天生丽质的美，将随年月的消逝而迅即磨灭，除非有画家把它画下，方可保存永久。当眼睛见到画上的美时，将和看到真美同等愉快。如果将这美貌妇人的画像给她的爱人，毫无疑问，他定会如痴般地欣赏，快乐无比。"（《达芬奇画论》）正是这些再现的"摹写"，使美得以延续下去。

关于《蒙娜丽莎》的人物原型，人们争论纷纷。有专家说，这其实是威尼斯公爵夫人的肖像画，后来因为达·芬奇太喜欢这幅画，便带着画好的画和仆人一起逃跑了。从这一点看，达·芬奇不过也是一个普通的画家，甚至带着一丝可爱和任性。还有人认为，《蒙娜丽莎》画像的五官和达·芬奇的五官特别相似，这其实是他的自画像。达·芬奇一生没有娶过妻，更有传闻猜测他是一个同性恋者。

在画完《蒙娜丽莎》之后，达·芬奇回到了米兰。迫于生计，他继续原来的职业，为宫廷服务。1516年，达·芬奇应法国国王的邀请，前去法国。他同他最钟爱的弟子弗朗西斯科·梅尔兹定居在昂布瓦斯，他在那里很少作画，只留下了一幅素描自画像。

1519年，达·芬奇客死他乡，享年67岁。达·芬奇生前绘画作品很少，却都是经典之作，他的作品是对当时绘画水平的超越。达·芬奇在绘画的同时，还

达·芬奇素描自画像

进行过很多科学研究，留下了大量的手稿和资料。他在临终前，将自己的画作和手稿都交给了梅尔兹。梅尔兹对老师的离世十分痛心和惋惜，认为老师的辞世不仅是个人的悲哀，更是时代的悲剧。文艺复兴的先进思想造就了达·芬奇这个传奇人物，同时达·芬奇也用自己的研究推动了时代的发展。从达·芬奇留下的那些手稿来看，他是文艺复兴时期当之无愧的全才，就像是从未来穿越而来的人物。如果没有达·芬奇，欧洲文艺复兴运动的光芒，不知会黯淡几多。

3. "时间穿越者"

达·芬奇的一生留下了太多令人难以置信的成就，

因此被称为"时间穿越者"。

在达·芬奇20岁时,他的造诣就已经很高了,但他并不是一个心浮气躁的年轻人,相反却很谦卑严谨。他常常思索,宇宙如此之大,人短暂的一生,需要何等的热情和精力才会有勇气走上这艰难的探索之路。

说起科学成就,达·芬奇无疑是科学界的巨擘。他从来不迷信权威,也从来不相信教会的一派说辞。因为幼年一直在田野里长大,所以他鼓励人们从大自

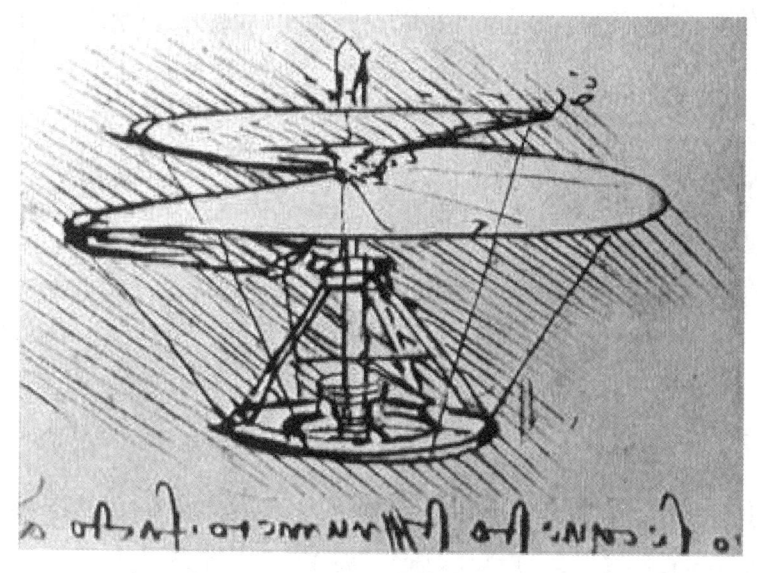

达·芬奇设计的直升机

然中领悟科学的真谛。他在探索自然奥秘的过程中,很少受到来自书本的、教条的固有思维限制。对世间万物的好奇心和天马行空的想象力,使他在科学探索

的道路上远远领先于同时代者，在自然科学方面作出了巨大的贡献。达·芬奇提倡要在科学之中探求真理，并没有提出任何系统的研究方法。即便如此，他的思想也比同时代的人要先进很多了。他认为知识来源于实践，指出"理论脱离实践是最大的不幸"。后来伽利略从他的这一说法中受到启发，为中世纪天文学开辟了新的道路。

达·芬奇一生中所作的笔记很多，现存的手稿约6000页。这些手稿中包含了各式各样的科学研究，从人体的血液循环、鸟类的飞行原理，到月球的地形样貌、塔楼的建筑设计等，内容丰富，包罗万象。可见，达·芬奇的研究是多领域的，除了绘画、雕塑、音乐和机械外，他在物理学、解剖学、建筑学和生理学等方面也是成绩斐然，虽然并没有系统地做总结性研究，但是对后人的研究提供了很多经验。

为了留出更多时间创作，探索其他科学领域，达·芬奇创造出了一种定时短期睡眠延时工作法，这一方法通过调节睡眠来提高时间的利用率，使人们的睡眠形成一种周期，一天的睡眠分为多个不同的周期，每工作4小时就睡15分钟。这样，每天便有更多的时间进行深入研究。达·芬奇创造的睡眠法直到现在还为人们所称道。

他在解剖学和生理学上的成就同样很高，被后人称为生理解剖学始祖。作为解剖学的先驱者，虽然达·芬奇最初的研究受到了教会的阻挠，但这个文艺复兴时期的天才坚持不懈地探索。他幼时就想象，把小动物的身体结合在一起，能不能出现什么奇特的东西，当时他的母亲并没有阻拦他，反而激发他的想象力。成年后为了进一步发现人体自身的秘密，达·芬奇悄悄

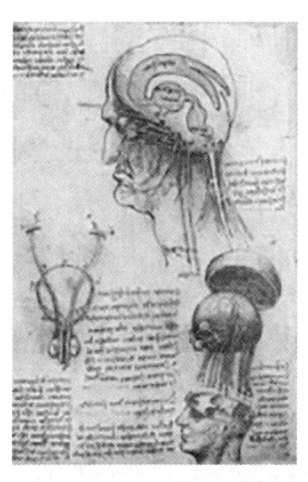

达·芬奇解剖学笔记

地解剖了几十具尸体，并且画出了详细的图解。但是，达·芬奇在解剖学上的成就并没有给他带来良好的声誉，而是遭到了无数的歧视和诽谤。他被人污蔑为疯子，甚至遭到教会的迫害。在封建主义主宰人类思想的情况下，达·芬奇无疑是非常有勇气的。他提出的许多生理解剖学理论，后来被英国科学家哈维证实，并得到深入研究。他笔下的人体素描图精确度极高，领先其所处的时代水平近300年，甚至超越了19世纪的《格雷解剖学》，与现代3D成像技术水平不相上下。达·芬奇还利用自己在生理学和机械学上的研究制造出了机器人，这是人类历史上第一个机器人。

　　在物理学方面，达·芬奇也有很多发明。他提出了液体压力的概念以及连通器原理。他还提出了惯性

原理，在一定程度上冲击了亚里士多德的落体学说，后来，伽利略在他的基础上彻底否定了亚里士多德的落体学说。他还进一步研究了前人提出的杠杆原理，指出因能源的局限性，永动机这一构想是完全不可能的。

由于达·芬奇也热爱力学和数学方面的知识，著名科学家布鲁内莱斯基的机械系统设计理念对达·芬奇的科学观产生了非常大的影响，他想在这个领域继续深入探究。那时候锡耶纳的工程师们设计出一些独特发明，让达·芬奇对机械产生了极大的兴趣。在接下来的几十年里，达·芬奇将自己的智慧和独特思维运用在精巧的机械设计当中，先后发明出水下呼吸装置、拉动装置、发条传动装置、滚珠装置、反向螺旋、差动螺旋、风速计和陀螺仪等，达·芬奇的发明有很多，且都有奇用。

在建筑学方面，达·芬奇的才华无疑是备受关注的。他曾经设计过桥梁、教堂，还应邀设计了城市的街道和建筑。在城市街道设计当中，为了方便人们出行，他首次提出，要将车马道和人行道分开。而在设计城市建筑时，他还具体规定了房屋的高度和街道的宽度，整个城市被他规划得非常整齐。为米兰的宫廷服务时，他还设计并监工建造了米兰的护城河。

达·芬奇的研究和发明还应用到了军事领域。他于1502年在军队中担任军事建筑师和工程师。他发明了很多军事武器，还提出了原子能的巨大力量可能在未来会被运用到军事当中。

达·芬奇在闲暇时期还做了很多水利学方面的研究，他设计建造的一些水利设施，到现在还能发挥作用。达·芬奇是和平主义者，无论是从事艺术创作还是科学研究，其根本目的都是为了人类的自由和幸福，即使从事军事科学方面的研究也是如此。

在文艺复兴时期，人们已经开始重视文件的保密工作，达·芬奇也应时应景地设计了一种密码筒。他设计的密码筒里有一个装着醋液的容器，如果解不开密码，想强行打开这个密码筒，醋液就会流出溶解莎草纸，这显示出他的睿智与聪慧。

在达·芬奇的科学世界中，早就有了汽车的概念，他对四轮马车不满，认为这种马车耗时耗力，并没有什么优势，他想象中的汽车被后人叫为"达·芬奇式汽车"。他还动手绘制了无段连续自动变速箱概念的草图，这也算是他机械方面的成就。除此之外，达·芬奇早就自制乐器。总之，达·芬奇的科学发明大大推动了人类文明发展的进程。至今，他那些用左手写成的手稿还在被一些专家研究，显示出了非凡的用途。

达·芬奇不仅仅是画坛泰斗，还有超出常人的眼界和思想，他当之无愧地成为文艺复兴时代的第一巨人。作为一个普通人，他的生命是有限的，他的抱负是在有限的生命里探索发现世间的真理。达·芬奇的生命是一次没有尽头的旅程，沿途遗下无数未完成作品的碎片残屑。对世间万物无穷的好奇心使他在临终前痛心地说："我一生从未完成一项工作。"

达·芬奇的艺术实践和科学探索精神对后代产生了重大而深远的影响。他以自己无限的才华推动了文艺复兴的发展，让世人无法遗忘他的才华和成就。

旷世奇才——米开朗基罗

米开朗基罗·迪·洛多维科·布奥纳罗蒂·西蒙尼（Michelangelo di Lodovico Buonarroti Simoni，1475—1564），欧洲文艺复兴时期伟大的绘画家、雕塑家、建筑师和诗人。他出生于意大利佛罗伦萨的卡普莱斯市一个官宦之家。1481年，6岁的米开朗基罗因母亲去世被寄养在石匠家。1488年，进入著名画家多梅尼科·吉兰达伊奥（Ddmenico Ghirlandaio）的工作室学习，这之后他还学习了一年的雕刻。1490—1492年，他在罗伦佐开办的自由美术学校（又名美第奇学院）学习。1496年，米开朗基罗来到罗马，开始创作第一部代表作《酒神巴库斯》。1501

米开朗基罗画像

年，回到佛罗伦萨，用时4年完成巨作《大卫》。1508年前往罗马，费时4年5个月完成《创世记》教堂壁画。1513年，他又为教皇陵墓创作了《摩西》等作品。1519—1534年，他创作了圣洛伦佐教堂里的美第奇家族陵墓群雕，这是他生平最伟大的作品。1536年，创造了《最后的审判》。直到1564年，他的创作之路才落下帷幕，这位孤独的老人离开了人世。米开朗基罗集画家、雕塑家、建筑师和诗人于一身，是一位"无所不能的通才"，一位"佛罗伦萨的旷世奇才"，名副其实的"人类的艺术楷模"，他的作品代表了文艺复兴时期绘画雕刻艺术的巅峰。

1. 孤寂的绘画新星

米开朗基罗1475年3月6日出生于佛罗伦萨附近的卡普莱斯（也译卡普雷塞），父亲是卡普莱斯和丘西两个地区的最高行政长官，家境优越。这本该是令人羡慕的家世，可是1481年，母亲去世，6岁的他被父亲寄养在了一个石匠家中。对一个幼小的孩子来说，母亲的地位是无可取代的,是孩子整个童年的支持,失去母爱的孩子该是多么孤寂,多么可悲!日复一日,或许是父亲忙碌顾不上他,又或许是多年工作所形成的性格,父亲虽有意关心却不知该如何表达,米开朗基罗在失去母亲之后与父亲越发生疏。在石匠家中的耳濡目染,也可能是终日孤寂无所寄托,慢慢地,米开朗基罗对雕刻产生了浓厚的兴趣,并对石头产生了一种特别的情感。雕刻作品恍如他的母亲、他的朋友,倾听他的述说,始终陪伴着他,不离不弃。在他对生活保持追求的时候,上天终于开始眷顾他,又或许这是对他的考验,正如一句话所言:上帝只救自救的人。

1488年,米开朗基罗进入佛罗伦萨画家吉兰达伊奥的工作室。在那里,他慢慢发现了绘画的魅力,线条与色彩的结合是多么富有生机,蕴含着磅礴的力量。这不仅可以展现令人赞叹的绝世美景,更重要的是可以表达他那无法用语言述说的内心世界。

13岁的时光于他而言

摩西像

无疑是快乐充实的，工作室的学习经历，为他的绘画打下了坚实的基础。但美好的时光总是那么短暂，为了更好地实现人生目标，他选择了离开，去寻找更广阔的天空。他跟随多纳泰罗的学生贝托学习雕塑，大多时间以自学为主。此时，他开始意识到"上天是公平的，他在给你关上一扇门的同时，也必会给你打开一扇窗"的真正含义。童年孤苦烦闷的经历中，似乎也有可以让他嘴角含笑的记忆，那便是在石匠身旁雕饰石头的时候，或许是早有积淀，让他在跟随贝托的这一年当中，虽以自学为主，但对于雕刻却毫无陌生感，反而时时觉得亲切。

1489年，米开朗基罗进入佛罗伦萨统治者罗伦佐·美第奇开办的自由美术学校，在那里他接触到了一大批具有古典美的经典作品和一大批具有人文主义思想的哲人学者。古之为古，是因为其与今相对。而那时的古，多崇尚富丽辉煌的宫廷风，米开朗基罗受环境影响，加上自身的大量研究，逐渐形成了自己的崇古思想，在其后来的创作中我们也可见这种思想的体现。

米开朗基罗受文艺复兴大背景的影响，以人文主义为创作的核心，雕刻、绘画多以肌肉分明、强健有力的形象示人，从而歌颂人类的伟大。可又有多少人知道，雕像、绘画上所展示的那一根根线条，那一笔笔精准刻画，米开朗基罗付出了多少努力，耗费了多少心血，仅凭心中的一腔热血是根本无法完成这样的佳作，天知道他心中蕴藏着多么强大、坚韧的力量。

在停尸室，他亲自解剖尸体进行研究，无论寒冬还是酷暑都坚持不辍，手里的解剖刀不再是一把冰冷的刀，而是他在艺术道路上前行的灯，指引他去完成心中的梦想，也是战士的铠甲，守护他去抵御心中那漫无边际的孤寂。在此期间，他创作了闻名于世的作品《酒神巴库斯》。作品中，米开朗基罗把纵情于醇酒妇人的酒神塑造成了一个傲岸的青年。他虽未身披铠甲，手执长剑，但是他身材高大魁伟，体态优美匀称，肌肉壮硕结实，极富美感，从头到脚都迸发着蓬勃的朝气和青春的活力，让观者不由从胸腔升腾起直击灵魂的感动。在巴库斯的身后，小牧神萨提儿是一个半人半羊的形象，米开朗基罗将他塑造了一个既拒绝巴库斯，同时又引诱他的一副罪恶的外貌。

米开朗基罗在自由美术学校学习到1492年，在这四年里，他慢慢具备了一位伟大艺术家应有的素质，为此后的艺术创作打下了坚实的基础。

1496年，21岁的米开朗基罗来到了罗马，凭借天分和多年的积累，雕塑了《沉睡的丘比特》。这个作品的创作，或许是因作者年轻气盛渴望一举成名，或许只是技痒难耐一时兴起之作，从"沉睡的丘比特"

这个名字，是否可以猜测年轻的米开朗基罗也在期盼爱情。年幼丧母的米开朗基罗在成年后，将对母亲的幻想与思念慢慢转变为对异性的关注，他渴望得到女性的倾慕、关爱，他期待热恋和婚姻，让他找到归家的感觉。她不必太漂亮，但却可以深深地吸引他；她不必太有才华，但可以理解他的世界，想他所想，懂他所懂。

那时候，古董才能卖高价钱，于是他把这个雕像做了些许处理，埋到了地下，再过了几个月，把雕像挖出来当古董卖，买主不巧是罗马红衣主教，一眼便认出这是个赝品，但是被他所展示的高超技艺折服。红衣主教非但没有惩罚米开朗基罗，反而委托他装修自家的后花园。人们常说："世有伯乐，而后有千里马。千里马常有，而伯乐不常有。"米开朗基罗这匹"千里马"幸运地遇到了他的"伯乐"。

1499年，他受到红衣主教的委托，制作《圣殇》。此作一出，即刻闻名天下，世人看到了一颗璀璨的绘画新星冉冉升起。但世间的人并非都是"伯乐"，也有人恶意攻击，说这是一个米兰驼子雕刻的。这些攻击着实让米开朗基罗吃不消，年轻气盛的他无法忍受，他悄悄地潜回教堂，在圣母的飘带上凿上了自己的大名，然而这负气之举却也给世人留下了又一宝贵的财富，这便成了唯一一件有他署名的作品。

2. 无与伦比的艺术成就

1501年，声名大振的米开朗基罗从佛罗伦萨行政长官皮耶尔·索德雷尼那里接受了一项任务——在一块巨大的大理石上雕刻一尊先知的像。这块大理石之前被雕刻家阿格斯提诺·迪·杜乔和达·芬奇雕刻过，严格意义上来说，这是一块有残缺的石头，但米开朗基罗还是接受了这一项工程。

当他走到这块巨石前，他的灵魂与残石产生了共鸣，似乎是冥冥之中他被巨石的磁场吸引，他们同样被世间遗弃，同样布满灰尘，同样渴望知音。他亲手把巨布掀开，他一层又一层、一锤又一锤地凿刻。他手中的雕刻刀点化着这块巨石，塑造着它的新面貌，指引着它的光明未来。经过四年的埋头苦干，米开朗基罗终于在1504年完成了巨大的雕像《大卫》。这项工程是

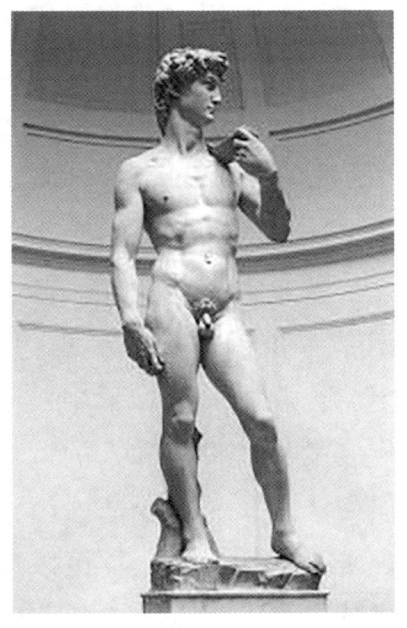

大卫像

文艺复兴时期最大的雕塑工程。

《大卫》把一个英俊青年从沉睡的石头中唤醒，在这尊雕塑中，青年人英俊的脸庞充满愤怒，目光严厉地注视着什么，他躯体高大，手指粗壮，紧握投石器，这一切都透射出无穷的力量和昂扬的激情。

《大卫》代表了那时所有的英雄形象，气宇轩昂，健挺有力。可是你细看大卫，面部表情丝毫没有胜利者的得意与风光，反而是带着深深的疑惑与不解。世间万物于我心间，皆是深深的迷茫与痛苦，这与周身形象散发出的英雄光泽产生了巨大矛盾的同时，又无比地融洽，引发了当时直至今天人们的好奇与争议。米开朗基罗选用传统的圣经故事作为雕刻题材，即以大卫击毙巨人哥利亚的形象出现，体现了人的巨大力量感和无畏精神，这种胜利形象更具艺术的代表性和象征性。

最令人折服的是，在文艺复兴的大背景下，米开朗基罗借助《大卫》表达了自己对于人与神关系的困惑：在古希腊神话中，最伟大的神是宙斯，以他为代表的神的世界和人的世界是可以共处的，但人神杂居便产生了重重矛盾，因为神是不死的，而人相较于神来说无比渺小。神可以在无数次尝试中体会失败和成功，并选择新的生活，而人不行，生命的延续性体现在一代又一代的消失与繁衍之中，人类生命的不可逆性注定了人是神的陪衬。更有神话表示，在任何一次造神运动中，都必将以无数的凡人作为试验品与牺牲品，这更加表明了人与神之间不可调和的矛盾。是什么导致了这个局面？又是什么赋予神和人不同的能力？这些问题困扰着米开朗基罗，没有人能给他以答案，当然也没有神可以回答。多年的苦恼，无从得到排解，他只能通过雕刻才得以展示和抒发。这一疑问也将变成整个人类的疑问。无论历史如何变迁，时光如何流逝，《大卫》这幅巨作被教皇放置在韦吉奥宫的正门前，作为佛罗伦萨的保护神和民主政府的代表。

关于《大卫》，还有一个有趣的故事。在米开朗基罗完成雕刻后，行政长官索德雷尼来看雕像，或许被大卫周身散发的独特气质吸引，或许是被他脸上的表情困惑，或许是在所有人对《大卫》的交口称赞中他想要发表一些独到的见解，他绕着大卫走来走去，时而蹙眉，时而抚须，过了好长时间，他问道："这个雕像的眉头为什么是深锁着的？鼻子是否有些不大好看，这有些影响他的英雄气概啊？"米开朗基罗听到这些后，爬上脚手架，轻轻晃动了几下，然后询问行政长官的意见，他点了点头，说："现在看起来就好了，比以前显得威严了许多。"其实，米开朗基罗根本没碰那雕刻的眉毛和鼻子，只是轻轻撒了些石粉罢了。

1505年，30岁的米开朗基罗去了罗马。中国古语"三十而立"，他也真正走上了而立之路。可对于雕刻家而言，30岁只是一个稚嫩的年纪。那一年，教皇尤里乌斯二世吩咐米开朗基罗建造教皇史上最伟大的陵墓，他应邀而来。在这样年轻的年纪，有这样高规格的邀约对他来说是莫大的荣耀，也引起艺术界极大的关注。

在别人艳羡嫉妒的目光中，当他准备大展身手的时候，噩耗突然降临，教皇不知从何处听到谗言，一气之下叫停了陵墓工程。他苦笑着，他曾兴奋地在脑海中一次次勾勒蓝图，每一个人物、每一个场景、每一个装饰的细节，都似乎已经他亲手雕刻过，亲手赋予石头以生命的感觉是那么神圣，他心中充满兴奋与期待。他想将这份感情全部倾注在自己的作品中，但这次却只有遗憾久久留在他心中，慢慢品味。

在遭受重创之后，他回到了佛罗伦萨，这或许是人身上的一种本能，在受到伤害之后人都会想要回家，即使这个故乡、这个家对他来说，并不是那么温暖，不是那么安全可靠。

不知道命运为什么让米开朗基罗的一生如此波折，让他受尽折磨，短短30年便比别人两辈子都活得还要坎坷，似乎想让他尝尽世间所有的波折。生活未给他一个真正意义上的家，让他无法尽享家人的关怀与温暖，好不容易在精神世界中找到一点乐趣，命运却又狠狠地夺了回去，给他重重一击，让他悲愤难抑。童年的经历使他性格中带有一种永不服输的倔强，命运越是弄人，他便越是要反击，"野火烧不尽，春风吹又生"的斗志时时在心中燃烧。当时，与米开朗基罗不合的人诽谤、讽刺他只会敲石头，而对于真正的艺术没有丝毫的品位和造诣说："雕刻的基础是绘画，或许他根本就是门外汉。"这些人想要为难他，使他难堪，他们便在教皇面前提出让米开朗基罗去西斯廷教堂的天顶作画。

1508年，教皇尤里乌斯二世在受人唆使后，固执地命令米开朗基罗为西斯廷教堂作天顶画。这是一件意想不到而又十分艰难的工程。米开朗基罗对壁画技术全然不懂，且没有助手，固辞不下便只能接受，他在极其艰苦的环境下，开始了创作。

米开朗基罗虽不是心甘情愿为教堂作画，但他从未抱有敷衍的态度，他凭着"艺术不容人亵渎"这一信念，独自一人完成了这幅巨作。尽管从一开始，他就知道自己可能无法胜任这个工作，但他抱着证明自己的心态，开始了为期四年多的艰苦创作。

天顶画的创作分为两个阶段，第一阶段是从1508年的夏天到1510年的冬天，历时两年多。在这两年多里，他独自一人完成了整个构思，从构图到着色，两年多来他让墙上画面的距离一点一点缩小，一点一点充实，而他也独自一人度过了人生中最艰苦难熬的一段岁月。在那段时间，他深深地体会到了世界之大，竟没有一位知心人的痛苦。他夜以继日，潜心绘图，大量删减画面中的人物数量和故事情景，仅保留主干，却也不失细节。为了照顾观赏者的感受，他突出绘画的主题形象，强调故事的节奏，条理清晰而不失韵味，使人们站在地上也可以清晰地仰视18米高的教堂天顶壁画，了解到"天庭"的故事。

　　第二阶段便是从1510年的冬天到1512年。这段时间的工作重点是保证故事的连续性和人物的生动性。时间在他笔下流逝，但是一个个人物却在他眼前清晰鲜活起来。某一天，清晨的阳光透过纱窗洒在他的脸上，他缓缓地睁开了双眼，恍惚之间自己仿佛置身于远古时代，亲眼见证了上帝创造这个世界的七天，亲眼看着上帝一点一点创造了亚当，又看着亚当在伊甸园中的孤寂，恍如看到了自己。他突然之间明白，众生万象都逃离不了孤独的本质，人独自来独自去，仅此而已。他看着伊甸园中用亚当肋骨创作而成的夏娃，他有些羡慕，那二人本为一体，自是亲密无间，在世间这原本孤独的情境下，幻化出如此亲密的关系，怎不让他心向往之。终于，历时4年多，他完成了这幅鸿篇巨制——《创世记》。

人的无限创造力以及对肉体美和精神美的歌颂，在这里得到了全方位的发挥。在这幅布满西斯廷教堂整个天顶的巨大画幅中，米开朗基罗利用建筑的立体框架把众多高大丰满、朝气蓬勃的裸体人物形象和基督教故事连成一个统一的整体。

整幅作品以《旧约全书》中的一些片段作为原始素材，教堂天顶约511平方米，在蓝色的天空背景下，整个天顶分布着300多个人物形象，中间以9幅主题画为中心，《上帝划分光明与黑暗》《创造日月》《诺亚献祭》《创造水和大地》《创造亚当》《创造夏娃》《原罪·失乐园》《洪水》《诺亚醉酒》，每幅图之间用绘制的壁柱和饰带巧妙地分隔开来，并在此基础上绘制了基督家人和12位先知以及20位裸体人物，其中有100多个形象，以其高大和磅礴的气势向世人展示了人类生生不息的创造力，也展示了人类特有的优美形体与健硕的体态，更重要的是展示了其永不放弃的品质力与精神美。虽然由于建筑梁柱的分隔而形成许多大小不一的画面，且有相对的独立性，但是令人惊奇的是整个画面有着完整的统一性。这幅西斯廷教堂的天顶画，成为米开朗基罗一生创作中最宏伟的作品。

四年多时间，他终日躺在一个18米高的天花板架子上绘图，手臂僵硬抽筋是常有的事。在灰暗的光线下作画是对人眼极大的考验，在他37岁完成绘画的时候，由于长时间抬头绘画，他如暮年的老人般只能弯腰前行，甚至在读信时也只能将其举过头顶，再一一慢慢地仰视辨认。身体的痛苦他或许是可以忍一忍，也就过去了，但是，内心的孤独和外界的质疑，他就没有后退的理由了。

这幅巨作不仅证明了米开朗基罗的实力，也为他迎来了又一段可以展示才华的光辉岁月。1513年，教皇陵墓宣布复工，他又为其陆陆续续地工作了数年，其中较为著名的便是《垂死的奴隶》《被缚的奴隶》《摩西》《昼》《夜》以及《晨》与《暮》。

其中《晨》是以女性形象为代表的雕塑，雕塑中的女性恍若刚刚睁开眼睛，眸中似乎还带着睡梦中的忐忑与焦虑，正在微微整理衣物，准备走下台座，迎着阳光，去到人世间体会人生百态，去完成自己梦寐以求的目标，去寻找一个极乐世界。

《暮》则是一座男性形象，或许这面露忧愁的男性是代表了米开朗基罗自己，他一生求而不得，一生孤苦无依，烦闷忧愁都无处倾述，只能在黎明前，那将亮未亮中触摸自己的灵魂。

《昼》所展现的是一个强健有力、肌肉发达的巨人，他似乎踏浪而来，背后相随的是巨大的力量。这份神秘力量仿佛可以带领人类走向光明，与他周身力量相符的是他那只被雕刻了一半的脸，大面积的胡子遮住了他的半张脸。或许是在米开朗基罗的生命中从未出现过这样的人，以致他无法描述这巨人般的神秘力量，雕塑中的巨人便成了这只有半张脸的形象。又或许在米开朗基罗心中，这种力量之所以神秘是因为不被人类窥知，如若一丝不漏地展现在世人眼前，这神秘的力量是否会大打折扣。无人知晓其中的缘由，正是因为不知，才留下了广泛的想象空间，让这尊巨人雕塑更有魅力，吸引世人的眼光。

而《夜》则是最富诗意的一座女性雕像，她脚下雕着一头猫头鹰，代表了人类身边如影随形的黑暗，或许这就是暗夜深处的恐惧，是在白日里也无法摆脱的影子。女子身边还带有一副恐怖的面具，面目狰狞，象征着终日噩梦缠身，使她时时身处于恐惧当中。

在《垂死的奴隶》中，米开朗基罗又雕塑了一位容貌俊朗、体态健美、身材匀称结实，但看起来像是终日劳累之后疲惫不堪的青年。只见他左手枕在脑后，右手轻轻放在胸口，眼光飘向远方，似乎思绪也飞向了远方。当你看整体形象的时候，你的目光会不由自主地落在他胸前的那条绳索上，它代表了权力的禁锢。他全身肌肉舒展放松，似乎眼光所到之处，便是灵魂栖息之地，灵魂飞入天国，肉体便可以得到解脱。其实，这也是米开朗基罗所期望的归宿：灵魂无拘无束，肉体自由自在。

《被缚的奴隶》则完全是另一种风格。回看米开朗基罗的一生，这似乎是在为他自己设计陵墓，在他80多年的人生路程之后，向世人诉说，倘若黑暗是人世的主基调，光明就是人类永世不懈的追求。

如果说刻画人物是米开朗基罗最重要的艺术建树，那么他在建筑上的成就也是无与伦比的。米开朗基罗凭借强大的毅力和超乎常人的艺术创造力，投身到了建筑行业。在他早年时期，由于绘画与雕刻打下的坚实基础，为他后来成为意大利文艺复兴时期数一数二的著名建筑设计师铺垫了道路。

他在1521—1534年之间，设计了佛罗伦萨的美第奇家庙；1523—1526年，设计了劳伦齐阿图书室；1540—1644年，设计了罗马的卡比多广场；1547—1564年，设计了圣彼得大教堂的圣坛部分和苍穹。天纵奇才，即使是晚年最后的时光，也必将洒尽辉煌。

如今圣彼得大教堂那直径长达43.23米的巨大圆形拱顶便是他参与设计的，此建筑外表磅礴宏大，有气吞山河之势。从建筑的局部到整体都是精美绝伦的艺术，与中国苏州园林一般，一步一景，步步为景，错落有致，精密和谐。他似乎到了中国文化中的所说"不惑"阶段，放眼世间，似乎从前的一切皆是微粒，散布于世间每个角落，散布在每个人身上。万物都各有特色，但在其特色之中都蕴含着规律。劳伦齐阿图书室前厅更是表现出了这一思想特点，在其融为一体的宏观背景下，他设计的台阶样式极具变化，局部变化与整体规划统一和谐，相辅相成，但又具有强烈的对比度，每一处都让人由衷感叹其伟大。

3. 神秘爱情的慰藉

回首他的一生，如果悲伤疾苦是他人生主线的话，那么维多利亚·柯伦娜的出现无疑是照亮他人生的一道曙光，他在1535年与她结识，至此开始了一段灵魂的交流，在情感上找到了寄托。

米开朗基罗与传统意义上的美男子大相径庭，可以说是完全相反。他手下所绘画出的、雕刻出的那些高大伟岸的男子是他对男子形象的一种寄寓。他本人只有中等身材，谈不上伟岸，更不是什么力量的代表；他双肩虽宽阔，似乎也只是为了承受命运给他的重压，周身全无气场；多年的颠沛流离使他十分消瘦，从而显得他的头十分大，整张脸上满布忧郁的神情，尤其是那一双眉毛高高挑起，似乎是怕遮挡了那双可以看穿人世疾苦的慧眼。整体来说，米开朗基罗的长相并不讨好女性，他似乎也不怎么喜欢女人，尤其是不怎么喜欢漂亮的女人，只要屋子里有女人，他就受不了。或许是从小失去母亲，又常年专注于工作，让他变得不知道该如何与女人接触；或许是对自己容貌的不自信，让他害怕被别人关注，更害怕随之而来的嘲笑。但是在他的笔下，不乏大方从容、魅力优雅的女性。例如在《哀悼基督》中，他就刻画了一位纯洁崇高的圣母形象。这幅圣母形象画得格外动人，青春靓丽的外表，貌美如花，圣母周身散发着从容和慈爱，尤其是她脸上的悲悯之情具有普爱人世的意味。作者曾这样向他的学生解释，因为圣母是纯洁、崇高的化身，是神圣的象征，所以她一定能避免时间的流逝和摧残，并能忍受世事无常的变迁，她本身所代表的就是对青春活力的向往和对美好事物的驻足。

他刻画的形象总是专注于成熟的女性，这些女性成熟却不妩媚，绘制的丰腴女性身体呈现出可以与男性相比的力量美。据说米开朗基罗在描绘女性形象的时候，用的也是男模。他曾与多个男模有过情感纠葛，也曾为他们写下多篇诗稿。或许是他太渴望有人了解他、走近他，渴望世间能有一知己，可以爱他的艺术，爱他的孤苦。终于，老天爷怜悯了他一次，给他送来了知音。

在那个时代，很多艺术家认为美是通过人的肉体所展现的，他们追寻肉体的健美以歌颂人的美，宣扬人文主义。但是米开朗基罗却不这么认为，他似乎从未阐释过不同的观点，但是他却用实际行动为这一想法做出了最伟大的说明。有一种感情叫相知相惜。结识柯伦娜的时候，米开朗基罗已年逾六十了，而柯伦娜也43岁了。柯伦娜生于1492年，她出身于意大利最高贵的门第之列，17岁嫁给那不勒斯的佩斯卡拉侯爵。佩斯卡拉侯爵是查理五世麾下的大将军，虽然她爱她的丈夫，但是那个放荡又冷酷的军人却不爱她，因为她并不是出众的美人。当侯爵在米兰被人毒死后，她就进入修道院。在那里，她发挥了她的作诗禀赋，又对宗教有着极深的感悟，常常通过赋诗与僧界或文苑一些严肃之士来往，成为闻名意大利的女诗人。

　　柯伦娜是宗教神秘主义哲学的发起人，与米开朗基罗一样，柯伦娜有一颗热烈而又怯懦的灵魂，她把对良心的责备掩藏在绝望的神秘主义中。她和米开朗基罗经常碰面，在一起讨论艺术、宗教，两人在思想上达到高度统一。当时，侯爵虽已去世，但柯伦娜仍然认为自己应该忠于死去的丈夫，所以他们的交往注定只是一种精神上的爱恋，但这样更合米开朗基罗的心意。她给他写了143首诗，每一篇都充满了爱慕和激情，充满了浪漫和文学色彩的幻想。

　　他们相遇后，她便时时为他祈祷，希望他快乐起来，而他也在慢慢转变。在米开朗基罗为自己寻到知己暗自欢喜时，噩梦来了，疾病无情地带走了柯伦娜。米开朗基罗沉默了很长时间，他自责、消沉，似乎还有点精神错乱。他埋怨自己，怨自己未能在柯伦娜生命的最后一刻见她一面。爱人挚友逝去，人世间再也没有可以让他留恋的东西。此后他放荡不羁，消沉度日，也不过是不甘于命运的安排所做的微不足道的反击。他后来一直生活在罗马，直到1564年2月18日孤寂地逝世于自己的工作室中。

米开朗基罗作为意大利文艺复兴时期杰出的艺术家，他的艺术成就是同时代人和后世景仰的丰碑。他的每一幅作品都深刻地展示了那个时代文人艺术家的深邃思想，展现了人的力量和人性的闪光点。他为后世留下了宝贵的财富。这样一位大师，这位崇高无比的历史巨人，被他的同胞视为神圣的造型泰斗，雄步古今，君临时代，领尽艺坛之风流，其无与伦比的艺术所倾泻出的精神力量，那博大雄浑的艺术之美，魂慑世界，气贯苍古。

一代画圣——拉斐尔

拉斐尔·圣齐奥（Raffaello Sanzio da Urbino，1483—1520），16世纪初意大利著名的画家，文艺复兴运动中意大利艺坛三杰之一。拉斐尔出生于意大利的乌尔比诺，在母亲的悉心教育培养下从小便性情平和文雅。父亲是位画家，在父亲的熏陶下，拉斐尔自幼便喜爱画画，后来拜著名画家彼得罗·佩鲁吉诺（Pietro Perugino，1445—1523）为师，打下了坚实的绘画基础。1500年，拉斐尔创作"托伦蒂诺的圣尼古拉加冕"屏风，历时近一年方才完成。1502年，他创作《圣母加冕》，1503年完成。1505年，他为圣母玛利亚修会教堂创作《圣母子、施洗者圣约翰及巴里的圣尼古拉斯》及一系列作品。1508年，拉斐尔到达罗马，为教皇宫的房间作画。1509年，他被授予教会"首席画家"的荣誉头衔。之后数年，他一直在教皇宫作画兼建筑设计。1515—1520年，拉斐尔完成了《巴达沙雷·卡斯提勇尼肖像》《圣米卡埃尔与魔鬼》《圣家族》《爱神和三美神》和西斯廷教堂礼拜挂毡画手稿等作品。1520年，37岁的拉斐尔因病，英年早逝。

拉斐尔凭借他在绘画方面的天赋和努力，开创了属于自己独特、秀美的绘画风格。他的风格不仅对当时产生重要影响，引领了人们对绘画的审美趣味，而且也为后世艺术开辟了新道路，成了难以企及的典范。拉斐尔一生都在追逐美学与绘画的完美结合，他理想中的世界不是末世审判，而是对真实存在的人性和生命本质的期待，他用独特的风格开辟了"美"的新境界。

1. 青年才俊

在14—16世纪的思想浪潮中，文艺复兴的脚步悄然降临意大利，它带来了人文主义这个影响世界的宝贵思想。人文主义给诸多领域注入新活力、新元素，其中最为突出的是美术创作，不仅出现了现实生活的场景，而且对人伦关系和人类情感也有了新的阐释。人文主义肯定了人作用于美术的力量，人性与人心在美术中得以展现，这极大地拓展了美术题材。此时，肖像画强势回归，人体美逐渐成为主流，同时风景画不甘落后，在沉睡之后发起了新的呼喊。

随着科学的日益发展，艺术要想取得长足进步，必须将它作为很好的合作伙伴。艺术家们逐渐把他们的视野转向解剖学、透视学，在这些学科中，艺术家们获得了新的视角、新的手段，理论与现实的结合促进了写实主义的发展，写实手法在艺术领域正式定形。除此之外，一些美术大师也不断向世人展现新的佳作，他们力求不断突破，实现艺术的天人合一境界，终于攀上了世界艺术的顶峰。

拉斐尔·圣齐奥就是这样的一位"大师"。拉斐尔是意大利文艺复兴时期杰出的画家，与达·芬奇、米开朗基罗并称意大利文艺复兴时期"三大艺术巨匠"。不同于达·芬奇那样含蓄和富于理智，也不同于米开朗基罗那样雄伟、有力和充满激情，拉斐尔的艺术以优雅、和谐、高度完美著称。

拉斐尔·圣齐奥，1483年3月28日出生于意大利山区的乌尔比诺镇。父亲乔万尼·圣齐奥也是一名画家，是拉斐尔的启蒙教师。拉斐尔幼儿时期，就特别喜爱绘画，并在这方面颇有天赋，父亲给他彩笔和纸张，开始教他学画。绘画对于小拉斐尔来说，是非常有意思的事情。他握着手中的笔挥舞着在纸上留下印迹，时常会高兴地叫起来。父亲在闲暇时，经常带他去野外看花草树木，感受四季变化。父亲给他创造了丰富多彩的生活，所以拉斐尔有一段美好的童年回忆。

1491年，拉斐尔8岁，父亲开始教他作画。父亲认为，8岁开始，孩子才有了和成人相同的观察方式，这是孩子系统学习绘画的最佳时机。父亲不仅教给他绘画技巧，还让他多读一些绘本，因为好的绘本不仅图画优美、风格各异，更能通过这些图形来丰富儿童的认知和感受。拉斐尔的母亲玛嘉·迪巴提斯塔·贾拉也很支持拉斐尔学习绘画，她常常以母性的温情脉脉，注视着拉斐尔写写画画，就算是简单的涂鸦，她也鼓励、支持拉斐尔继续他的创作。她绝不会用好或者不好来评价拉斐尔的绘画，也不会对他的画作给予所谓的指导和干预，母亲更多的是与拉斐尔贴心交流，并给他提供更多的故事和绘本，由此引导拉斐尔多思考，拓宽眼界，提高审美能力。

在学习期间，拉斐尔也和其他孩子一样，出现了学习绘画的停滞甚至是厌烦。但是他的父母，特别是父亲及时调整引起拉斐尔反感的教学方法，使他重新拾起了绘画兴趣。1493年，父亲已教会拉斐尔所有的绘画技巧。为了提高儿子的绘画水平，父亲带儿子四处拜师游学，大力鼓励拉斐尔放飞想象，提高形象记忆方面的能力。他引导拉斐尔逐渐接触素描，进行色彩等专业技能的训练。父亲也带他了解不同的绘画风格，大力引导他要发展自己的绘画风格。拉斐尔开始关心自己作品的好坏，有时也会否定过去自己画过的画。他所描绘的物体越来越具有立体感，作品画面逼真，跃然纸上，色彩的明暗变化也变得比以前丰富得多。

1494年8月1日，拉斐尔11岁时，父亲去世。他十分悲痛，终日不与人交流，也不踏出房门半步。父亲的好朋友公爵夫人贡查加·伊莉莎贝塔遵照其生前的嘱托，对拉斐尔照顾有加。随着时间的流逝，拉斐尔逐渐从失去父亲的悲痛中走了出来，从此以后就留在公爵夫人身边。夫人非常高兴他能从悲伤中走出来，对他竭力照顾，特别是在绘画方面，尽其所能，满足拉斐尔，因为她时刻惦记着老朋友对她的嘱托。

1498年，15岁的拉斐尔进入波伦亚画家的画室里学习，他勤奋地探索绘画的奥秘，敏感地捕捉美和艺术的真谛。在画室上课的第一天，画家给了班上同学一组石膏几何体，同学们一片哗然，以为老师只是让他们随便画画。其实，老师是想要看看班上同学的美术基础，由于拉斐尔从小就被父母极好地教育引导着，再加上他从小到大所积累的绘画技巧，毫无意外他画的那幅石膏几何体最为出众。

在画家那里学习了小半年，拉斐尔发现周围所有人的绘画能力都比不过他，于是他向老师提出了要去绘画艺术更高深的地方去学习。心胸宽大的老师觉得，是时候让他出去看看更大的世界，接触更多的绘画天才，于是就支持他的想法和行动。在与画家和班上同学做了简单的告别之后，拉斐尔又踏上了求学之路。

1499年，16岁的拉斐尔离开家乡乌尔比诺，只身前往北意大利安布利亚地区的裴路基亚城，从师于佩鲁吉诺。对于少年时期就已崭露头角的拉斐尔，佩鲁吉诺早有耳闻，当他看到拉斐尔千里迢迢地来拜师时，开心得不得了。

拉斐尔与佩鲁吉诺一起，通过科学实验来探索如何使作品更加有立体感。意大利文艺复兴时期，人文主义者普遍信仰的就是自然和科学。他们以对自然的热情赞扬来抵制宗教神学的桎梏，他们对科学的崇尚使意大利走出了中世纪的愚昧。当时许多画家还有另外一个身份，那就是科学家，他们中的很多人崇尚用自然科学来寻找新的绘画技巧。拉斐尔和他的老师整天都埋头于实验室，探究光与色的关系，探究如何将绘画中所涉及的人物、动植物、时间、故事情节有机地统一到一个空间中。他们坚持理性和科学的理念，探索意大利文艺复兴时代特有的透视法，他们将人的欣赏习惯和所表现的空间结合起来，形成了一种"真实"

的绘画方式。时间一天天过去，拉斐尔的绘画技能日渐提高。拉斐尔从老师那里学会了如何更好地用视觉来感受搭配颜色，对透视原理也有很深的研究。

1500年，拉斐尔受羊毛商安德烈亚·巴龙齐委托，制作一扇屏风，内容是关于圣尼古拉加冕事件。拉斐尔创作这扇屏风长达一年之久，在屏风上，拉斐尔描绘了加冕现场的政府官员和皇室成员，整个场面异常宏大，现场熙熙攘攘没有一点空余的地方。但画的最中心还是圣尼古拉，他的动作被绘画得惟妙惟肖，让人仿佛身临其境。拉斐尔完成作品后，将署名改成了"大师"。商人相当满意拉斐尔的作品，给了他高额的酬金。

世间没有不散的筵席，最无奈的就是分别。1502年的一天，佩鲁吉诺对拉斐尔说："我不想你在我这个小地方待一辈子，你已经算得上是一位出色的绘画家了，你没必要在我这儿浪费时间了，你要去大师更多的地方学习绘画，这样你才可以有长进。意大利中部佛罗伦萨的绘画大师都有很高超的绘画造诣，你快去那个地方吧。你已经具备可以独立创作的能力了，我相信你，你可以的。"当时，拉斐尔19岁。

佩鲁吉诺为拉斐尔准备了去佛罗伦萨路上的粮食和盘缠，在佩鲁基诺的再三劝说下，拉斐尔依依不舍地离开生活了三年的地方，满含泪水地告别了被他视为第二个父亲的佩鲁吉诺。

刚到佛罗伦萨,拉斐尔就被这里的人文主义氛围深深地吸引了。这里的人们不再是天主教戒律下的牺牲品,而是将自己置身于现实之中。这样积极乐观的生活态度着实让拉斐尔吃了一惊。因为佩鲁吉诺很早就联系了他在佛罗伦萨的画家朋友,所以一到意大利,拉斐尔便受到了热情招待。待安定下来以后,画家朋友带着拉斐尔走访当时很有名气并且绘画风格独树一帜的画家。拉斐尔从小便拥有讨人喜欢的品性,无论他走到哪里,都能收获好人缘。画家朋友还带他去了当时很有名气的画家论坛,在那里拉斐尔听到了很多他以前从未听说过的名词。不久,拉斐尔便融入了佛罗伦萨的画家群中。

由于拉斐尔从小培养起来的敏锐的观察习惯和良好的人际关系,他对周围的生活、对周围的人都充满了深深的爱意。特别是对于女性,他那炽热的感情和翻江倒海的爱意更是显露无遗。1504年,时年21岁的拉斐尔在意大利声名大振,伯爵的女儿罗薇蕾早被拉斐尔的才气折服,坚持要嫁给拉斐尔。拉斐尔之前也注意到了这位美丽漂亮的女子,在外界的撮合下,两人结为夫妻。浪漫的经历,让拉斐尔对婚姻生活有感而发,制作了《圣玛利亚的婚礼》。之后,拉斐尔在佛罗伦萨也声名鹊起,并接到了佛罗伦萨市政厅长官的邀请,希望他回到佛罗伦萨搞绘画创作。拉斐尔看到这么热情的邀请，不好意思拒绝此番好意，没过几日，就带着家眷来到了佛罗伦萨。

在佛罗伦萨，拉斐尔遇到了达·芬奇和米开朗基罗，他以渴求知识的态度面对这两位大师。他在佛罗伦萨也参加过很多著名画家的画展，每每碰到一幅合乎他艺术品位和审美的作品，都要在画前端详很长的时间，有时候甚至从画展开始一直待到画展结束。那时的画家时常这样说他："每次来看画，仿佛要把画刻入自己的脑子似的。很少有人可以像他那样，看画看得如此入迷，以至画展结束了他都不知道。"

为了更好地刻画人物细节，拉斐尔自学了解剖学课程，并且将自己不懂的地方记录下来，汇集成一本小册子，然后再向当地的解剖学家咨询清楚。父亲从小就教他观察大自然，所以当他没有灵感时，就去佛罗伦萨的花园、森林看看。他如饥似渴地汲取着他所崇拜的达·芬奇和其他画家的绘画精华，他竭尽所能地利用佛罗伦萨的一切艺术资源，将佛罗伦萨的全部艺术精华当作自己发展壮大的养料。经过日积月累的学习，拉斐尔逐渐认识到他的羽翼已经丰满起来了，他可以去绘画艺术的天堂展翅翱翔了，他想要去罗马与其他画家一比高下，想要向全意大利证明到底谁才是最杰出的画家。

在佛罗伦萨定居四年之后，拉斐尔于1508年回到罗马。在此之前，他写信给伯父希莫尼·吉亚拉说："我在这边一切安好。自父亲走后，我一直想着父亲对我的教导，并且在绘画上取得了很大的成就，伯父不必担心。希望你们都生活得愉快。"到罗马之后，拉斐尔潜心创作了《柯珀的大圣母》。

同年，教皇朱理二世为了向全罗马人展示自己的实力，下了重金聘请当时最著名的画家、雕塑家、建筑家为他服务。年仅25岁的拉斐尔，虽然年纪不大，但已经是赫赫有名的画家，所以不出意料也获得罗马教皇邀请。

1509年，拉斐尔到达梵蒂冈，遇到了一直让他视为大师的米开朗基罗，这让他非常兴奋，不曾想自己居然可以和这么厉害的大师一起工作。在工作的过程中，拉斐尔总是有一些让人惊叹的想法，就连同他工作的米开朗基罗也忍不住拍案叫绝。罗马教皇也赞叹他那常人无法企及的思想高度，对他说："总算是没有看错人。"过了一段时间，罗马教皇下了一道谕旨："除了拉斐尔和米开朗基罗以外，其余人没有必要继续待在这了。"罗马教皇认为，美化罗马的工作靠他们俩就够了，其他人根本没有资格与他们相比。

据文献记载，1511年的一天晚上，教皇尤里乌斯二世做了一个梦，梦中，一位神指示，为了使上帝在人间的统治者不被人们忘却，每个教皇都必须有一幅自己的画像留存于世。第二天，教皇就邀请拉斐尔到宫殿中来，在向拉斐尔讲述了梦境之后，拉斐尔答应了教皇帮他画肖像。为此，教皇还特地为拉斐尔准备了一间画室，以便他专心创作。在为教皇画完肖像画之后，有不少人也想让拉斐尔为自己画肖像。梵蒂冈教廷大使曼特瓦为此向拉斐尔寄了两封信，第一封信寄来时，拉斐尔并没有明确表达他的意愿，第二封信仍是言辞恳切，拉斐尔觉得不能再推托了，才答应了为他画肖像。

在肖像画之后，拉斐尔还陆续推出了"小品绘画"，在贵族圈引起了很大的反响，有很多贵族夫人期望得到他的创作。

1519年，拉斐尔36岁，他向当时的利奥十世提交了古罗马遗迹保护的具体方案。他还广泛搜集古罗马文献资料，制作了古罗马建设的地图稿本。罗马政府为了感谢他对古罗马文物保护所做出的努力，向他支付了1000个金币。但次年，拉斐尔没有征兆地猝然离世，据说当时他留下的遗产折合16000个金币。

2. 惊世之作

拉斐尔虽然一生只活了短短的37年，但是他留下了数量众多的作品，总数将近300幅，每一幅作品都被后人赞为惊世之作。如果从7岁开始算起，拉斐尔每年要画10幅作品，堪称"多产"。拉斐尔作品最著名的代表作就是他画的圣母像，他所开辟的新圣母画形式，广受各阶层欢迎。在拉斐尔的作品中，圣母像占到他一生作品的60%～70%。

拉斐尔的圣母像很多，这些圣母像冠以种种的名称，一般以所画圣母的环境或者是所在的地点来命名。比如说，他画了圣母，圣母置身于花园，所以他就将创作的作品命名为"花园里的圣母"；比如他描绘了圣母坐在椅子上安详地沉睡，这幅画就叫作"椅中圣母"；当时拉斐尔的很多画都不是用来卖的，这些画只是用来赠送给别人，所以这些画大多命名为"××圣母"。

拉斐尔的圣母像之所以在文艺复兴的浪潮中脱颖而出，不是因为数量多才获得别人的认可，而是因为它们已不再是中世纪美术中的那种苍白、枯燥的偶像，画中的圣母摆脱了中世纪绘画那种严肃呆板、毫无生气的印象，眼神中透露着的那种温情，是健康、秀丽、温柔、恬静、温情脉脉的人间母亲的形象，丝毫没有神秘色彩和禁欲主义成分，让人感觉活生生的圣母就在你的面前，目光温柔而恬静，那种状态是中世纪圣母身上所看不到的东西。中世纪的圣母画像都喜欢用光环来显示圣母的高贵与冷漠，而他画出的圣母与众不同,他没有刻意突出传统宗教的神秘色彩,他的圣母只是带着一个淡淡的光晕,让人第一眼就看到圣母的温柔和安详。拉斐尔诗一般的绘画语言集中体现了人文主义思想,他所确立的艺术样式后来成为学院派古典主义的一大标准。

拉斐尔这样创作圣母的原因是他觉得圣母是一个高贵无瑕的人,实在没有必要再添加一些人为的东西来凸显她的神圣,这些人为的东西,其实是多此一举。他在绘画中最大限度地用世俗理想战胜了宗教束缚。

在欧洲艺术史上,圣母和圣婴的绘画一直都占据着绘画界历史舞台的显著位置。拉斐尔新开创的温情圣母和活泼圣婴的绘画方式则成为衡量绘画是否具有文艺复兴性质的一大标准。他那独特的人文主义气息,后世的人中没有一个可以与之相提并论,他那具有人文主义的艺术风格,一直是后人临摹的首选。

就以他的名作《花园里的圣母》为例。这幅作品来源于一个动人的故事:有一天,拉斐尔实在是百无聊赖,眼前也没有一件可以让他解闷的事,所以他就决定去花园中散心。这时,他注意到一位曼妙的少女在花丛中认真地修剪枝丫,以至于拉斐尔走到身边,她都浑然不知。拉斐尔深深地被这位美丽的少女吸引住了,她身上的那种娴雅、静穆的美正是拉斐尔希望看到的,所以拉斐尔就立刻将这位女子的美丽形象深深地刻画在脑海中，回到家之后，立刻将自己内心的少女形象画了下来，这就是后来那幅著名的《花园里的圣母》。

《花园里的圣母》虽然是传统意义上的宗教题材，然而这幅画却突破了中世纪的传统风格。圣母置身于一片美得让人窒息的花园之中，鲜艳的花朵吸引着成群的蝴蝶，花园中绿色浓郁茂密，被修剪成一片绿色墙壁的树篱。与这些靓丽颜色相对的就是飘荡在天上的朵朵白云，天空上方还有太阳露出来的道道金光。在远方，还有线条流畅的小山，以及星星点点的村庄。整个画面都显得鲜活、美好、恬静，像是人间仙境，让人一看到这幅画就觉得心灵安定和祥和，没有一丝的躁动与不安。整个画面涉及的人物就是圣母、小圣婴和施洗约翰三个。圣母安详地坐在椅子上，她的脚边是圣婴和施洗约翰，他们欢乐地在圣母脚下玩耍，而圣母以饱含深情的目光看着他们玩耍。画中，圣母对着两个孩子微笑着，那种淡淡的微笑洋溢着母爱和温情。其中有一个细节是孩子的脚放在了圣母的脚面上，这种平民式的淳朴和善良在这个绘画细节中显露无遗。整个画面在构图上，运用了最稳定的三角形结构，画面中的三个人正好处于三角形的顶点上，整幅图以及所包含的人物既稳定又和谐。柔和的闪烁微光、仙境般的宁静安详弥漫在这幅画中，任何线条都显得自然和谐，整幅画柔和而富有张力。

这幅画表现出平民式的母爱，那种和蔼可亲完全冲破了中世纪圣母的高不可攀。拉斐尔完全摒弃了禁欲主义，这幅画要表现的就是普通女性的美。拉斐尔对于人性的追求表现在对肉体未来的重视，对生命欢乐的崇尚，对亲情爱情的赞扬。在《花园里的圣母》中拉斐尔对生命和人性的追求展现得淋漓尽致，用平凡的表现方式来体现圣母的高贵，使圣母充满了人伦亲情和母爱光环。《花园里的圣母》是拉斐尔人性化表现的代表作品之一。

《椅中圣母》这幅画的创作灵感据说来自收养他的公爵夫人贡查加·伊莉莎贝塔。公爵夫人收养拉斐尔时，他刚满11岁。还没从失去父亲的悲痛中走出来，心理的依靠没有了。公爵夫人就像是从天而降的"圣母"，让拉斐尔找到了一个心灵依托。拉斐尔刚到公爵夫人家时，人生地不熟，也不知道可以向谁倾诉心中的苦，唯有父亲的朋友——公爵夫人让他觉得世界不是只剩他一个人。公爵夫

《椅中圣母》

人为了开导拉斐尔,常常带他在花园中漫步畅谈,以缓解少年内心的苦痛。渐渐的,拉斐尔被公爵夫人身上的母性光辉吸引,这也成为他人生中一个难以磨灭的影子。但还有传闻说这幅画是根据拉斐尔自己的恋人为创作原型而绘制成的。

《椅中圣母》绘画的人物仍然是圣母、圣婴与约翰。圣母与普通母亲一样,将孩子安放在她的双膝上,圣婴安详地坐着,圣母的脸颊亲切地贴着圣婴的脸颊,就像是怕孩子掉下去似的。圣母的左手一直搂在圣婴的身后,右手在前扶着圣婴的腰。画中最引人注目的就是圣母的眼睛,人们看这幅画第一眼时就深深地被吸引。圣母的目光温情脉脉,仿佛在和看画者进行从眼神到心灵的交流,这种眼对眼、心通心的交流更让观者震撼膜拜。这幅画在线条上也极其优美,整个画面都采用非常柔和的颜色,不论是圣婴的细发还是圣母头巾的毛边,都十分轻柔,仿佛在微风中被轻轻吹拂着。

在《椅中圣母》中,淳朴和蔼的母亲取代了偶像式的圣母,她就像普通人的母亲一样,心中都是她的孩子,没有一丝杂念,没有一丝躁动。这幅画中的圣母比拉斐尔以往的圣母像更具浓郁的生活气息,堪称拉斐尔圣母像中"成就最高、刻画最为精致的一幅"。这种在生活中对养母或是对恋人的依恋所培养的敏锐洞察力，使拉斐尔在创作的色彩、构图上达到了新的高度。这幅画着重表现了人神之间的距离不是无法逾越的，人神的高度调和让《椅中圣母》成为了文艺复兴时期不可多得的文艺精品。

《西斯廷圣母》也是拉斐尔"圣母像"中的代表作。这是一幅祭坛画，

《西斯廷圣母》

被指定装饰在教皇西克斯特二世重建的西斯廷教堂内的礼拜堂里。这幅画幽静恬美的风格被世人称赞为"圣母像的绝品"。画的左侧站着3世纪的教皇西克斯特，画的右侧是基督教早期圣徒巴巴拉。教皇身着一件金黄色的袍子，让人觉得他道德高尚、风采照人。他用虔诚的目光注视着圣母和圣婴，还做出了一个好像是在给圣母引路的动作。而巴巴拉跪卧在圣母的脚下，她的双眼微微向下注视，她的左手将肩上披风轻轻地攥在手中，虽然没有望向圣母，但是从她的表情上来看，却是一脸虔诚中微微带着点害羞的真诚。画面的最下方，有两个带着翅膀的小天使一脸好奇地望着这一幅景象，其中一个小天使用手支撑着脑袋，好像在

思索发生了什么事；另外一个双手平铺，一双手微微顶着他的下巴，目光崇敬地看着圣母。据说拉斐尔在画《西斯廷圣母》时，时常有两个小孩躲在窗户外边，偷偷地看他在干什么，拉斐尔生性善良，不仅没有责怪他们打扰到他的创作，还将这两个活泼可爱的孩子化成小天使融入画中。画的主体人物圣母和圣婴仍然是拉斐尔创作的一贯风格，圣母的眼睛圆睁，看着圣子，眼神中既有母亲对孩子的温情，也有对孩子的不舍。而圣婴安静地偎依在圣母的怀里，看着母亲的眼睛，脸上没有表现出一丝的不安。圣母正从天界一步步迈向人间，她把心爱的孩子奉献给这多灾多难的人世。在安详的氛围中，圣母踩着云彩，一步步悄然而至，微微的风吹拂着她的裙摆、她的头发，她那安详、多情的眼神又微带着点悲伤，她无言地将自己的儿子送到人间去拯救无数苍生。

拉斐尔将母子之间的温情、圣母信徒之间的微妙情感满满地倾注于笔端，敏感大胆、热情洋溢的画家把自己对人性的感悟融入了画作之中。拉斐尔通过圣母把爱子耶稣贡献给人类的宗教故事，歌颂了为正义事业不惜牺牲一切的精神。拉斐尔的圣母像分为两类，一类是人间母亲的形象，另一类以女王式圣母的形象出现。《西斯廷圣母》则是这两种圣母特征的结合，是画家理想中最完美的圣母形象。这幅空前的作品在一众死板冰冷的中世纪画作中熠熠生辉,注定会在这个蠢蠢欲动的时代掀起波澜。而这幅传世之作也是命途多舛,战乱、偷盗,让它屡遭损坏,直到1954年被偶然发现,才重新走进了人们的视野。这幅典范之作穿越西斯廷的重重回廊,将文艺复兴时期浓郁的人性光辉温柔地撒在礼拜堂的大理石上,它完美诠释了拉斐尔的风格,它所传达的艺术理念影响了后世无数的古典画家。

　　拉斐尔在壁画上也有很高的成就。在他的壁画中,最杰出的代表作是在梵蒂冈签字大厅十字形拱顶和四壁上所做的巨型壁画。其中《雅典学院》是最具代表性的一幅作品。这幅画是古希腊哲学家、科学家和其他各种人物的群像。这幅画以古希腊哲学家柏拉图所建的雅典学院为主题,以古代包括语法、修辞、逻辑、数学、几何、音乐、天文在内的七种自由艺术为基础,弘扬了人类对智慧和真理的追求。《雅典学院》中,描绘了在金碧辉煌的殿堂中,人类智慧的代表在这里汇聚一堂,这些智慧的化身来自不同的世纪,有着迥然不同的观点。画面上,古希腊以来著名哲学家和思想家汇聚一堂,有亚里士多德、苏格拉底、柏拉图、毕达哥拉斯,还有艺术家自己。不同时代、不同地域和不同学派的著名学者,一起自由讨论,情绪热烈。全画背景为纵深展开的高大拱门,拱门的中心透视点直通遥远的天际，在这里他们讨论着不同的观点，整个大厅都洋溢着"百家争鸣"的活跃气氛。

这个壁画以大气的构图方式、高贵华丽的色彩来向观者展示智慧的精华。画面的中心是两位赫赫有名的古希腊哲学家柏拉图和亚里士多德，周围是将近50个大师级的学者。这些人物的身上都代表着古代不同类别的文明。拉斐尔将这些学者描绘得栩栩如生，表达了他对古代高度发达文明的赞扬，以及对未来文明发展的期望，同时也有对这些把生命奉献给人类文明的大师们的敬佩之情。

壁画的中心，柏拉图和亚里士多德的手势指向相反的方向，很明显地表达了他们学术意见的不一致。两边的学者呈不同的队列排开，有的像是在倾听他们不同的学术见解，有的像是要表达自己的意见却又插不上话，有的像是在沉思到底谁的更有道理一些。这样众星拱月的格局更加强化了图画的中心。这幅壁画在构图上仍然运用了三角形的稳定结构，使整个画面的人物和整体都很稳定和谐。在色彩上，人物所在的建筑背景是暖色系的乳黄色，人物的服饰颜色有黄、白、红、蓝，颜色丰富多彩，色彩感极其突出。同时整个画面又融入了高超的透视技巧，使整个画面的立体感、真实感陡然增强，让观赏画作的人仿佛正在看一场群英荟萃的学术探讨会。整个图像的几何装饰结构都是拉斐尔经过精细的数学计算确定的，构图的严谨性和整个画面的美感完美融合。拉斐尔创作的《雅典学院》是他一生对于智慧、真理探索的表现，是他一生对艺术真理的向往。

3. 深厚的画功

拉斐尔圣母像的基本风格都带有宫廷典雅的风格，但不失人性美感，他画中的圣母时常都是一脸温情而又不失细腻，圣母的每一个表情都是那么恰到好处，特别是画中人物的眼神格外引人注目，圣母眼中的温和像磁铁一样深深地吸引着观赏者。在看完拉斐尔的作品之后，大家都会感到一种内心的无欲无求，由内而外的舒适静谧。

据说有一天，拉斐尔在外游览大自然，寻找创作的灵感。他偶然走到了一座山上，因为看得太入迷，忘了来时的路。太阳渐渐落山了，拉斐尔心里也很着急，这时碰到了一位女子，他向女子问路，那位女子很爽快地答应带他下山。下山之后，女子看拉斐尔走了一天，早已饥肠辘辘，就把拉斐尔带到了她工作的地方——山脚的一家烤面包店，让他休息，并送上热香面包，提神的咖啡。这美丽的女子就是里面的一位面包烘焙师，拉斐尔立刻就被她深深地吸引了。分别之后，拉斐尔每天都在思念这位让他魂牵梦萦的女子，夜里辗转反侧，扰得他迟迟静不下心来创作。

将美丽高贵的圣母刻画成一位普通的女子，在拉斐尔之前就有人这样做了，但是拉斐尔所到达的境界却远远超过了前人的艺术水平。仔细观察拉斐尔的圣母像，画中的女子不管在面貌还是在神态上都是相差无几的，只是在细节上做了少许的改动。显而易见，拉斐尔是以一位女子的面貌作为参考而进行创作的。那么，这位让拉斐尔如此重视的女子到底是谁呢？答案就是上面那位温柔善良、体贴大方的女面包师。

这女子本是当地一位面包师的女儿，因为家业的传承，父亲教会了她面包烘焙技术。女面包师很早就听过拉斐尔的大名，深深地被拉斐尔的才华折服。后来在两人的接触中，女面包师慢慢感觉到拉斐尔对她那不一般的情愫，终于陷入了爱河。但爱情不单要双方的倾慕、爱恋，在当时那个重品第、论高下的环境中，他们因为世俗的羁绊而不能公开恋情。一位在全意大利都享有盛名的画家与一位默默无闻的面包师相爱，是不能被世俗社会接受的。

据说，当时一位红衣教主的侄女仰慕拉斐尔很长时间，一心想要嫁给他，所以就求非常疼爱她的叔叔去告诉拉斐尔。红衣教主也非常期待两人的结合，亲口向拉斐尔表示，想把最亲爱的侄女许配给他，碍于对方的身份和威权，加上拉斐尔本身就不善于拒绝别人的性格，让他不敢拒绝这个要求。有传闻说，迫于红衣教主的威压，拉斐尔准备跟红衣教主的侄女订婚。但是拉斐尔心中的却是万分挣扎的，因为他喜欢的女子还在默默地等他。订婚之后，拉斐尔却尽量避开与教主侄女相见的机会。

就这样，优柔寡断的拉斐尔就一直拖而不决，不管是对自己心爱的女人还是对那位红衣教主的侄女，都是一拖再拖。这样一晃，就过了数年。在这期间，拉斐尔和女面包师有交往，一直没有中断过。在这期间，拉斐尔还许诺要给女面包师一个婚姻，并送给她当时流行的结婚饰品——珍珠。而女面包师对拉斐尔从未埋怨过，就算是拉斐尔与教主的女儿定了婚约，她也一个人默默地承受，从没有放弃对这段爱情的坚持。或许就是因为女面包师的理解、宽容，才让拉斐尔久久不能忘却这段没有结果的感情。拉斐尔画中女子所佩戴的饰物上刻有拉斐尔的名字，可见这位女子与拉斐尔的关系匪浅。每个人的感情都是真挚无价的，没有一个人的爱情低于另一个人之说。两情相悦是爱情产生的基础，但如果想长久地维持下去，必须建立在彼此平等的观念上。所以，爱情本身就是门当户对的，不是物质上的门当户对，而是精神上的平等自由，是价值观、审美观、兴趣品位的门当户对。

4.一生的执著

　　1520年，天才的成就引来繁重的订画任务，太大的名望终于把他压垮了。由于绘画创作的工作量太多，拉斐尔的体力严重透支，他的身体不堪重负，发起了高烧。1520年4月，他病倒了。医生为他诊断病情以后，摇着头说："您，亲爱的大师，您从年轻时候起，就过着过于紧张的生活，现在已经无法挽回了。人们都知道艺术家是一些什么都不在乎的人，他们不吝惜生命，而是让生命去燃烧。"一个星期以后，这位杰出的艺术家离开了人世。他死后的荣誉，将永远存在于他的作品之中，载入人类文明的史册。

　　拉斐尔英年早逝，他的徒弟为了捍卫老师的荣誉，便极力隐藏了这段不被世人祝福的感情。但是尘封的记忆总会被有心者发现，法国画家安格尔喜欢拉斐尔的作品，并且从很小的时候就开始临摹拉斐尔的画作，他慢慢发现了拉斐尔画像中的这一秘密，并为拉斐尔与女面包师的爱情感到惋惜。长大之后，为了纪念拉斐尔的这段爱情，安格尔特地创作了《大宫女》，画中的女子与女面包师的容貌打扮非常相似。

　　拉斐尔一生以杰出的艺术成就为自己赢得了文艺复兴时期"画圣"的称号。他终生抱着新柏拉图主义的艺术理想，以其凝练的绘画技巧，将文艺复兴时期的人文主义推向极致。

他不像达·芬奇，有让人捉摸不透的迷离，也没有米开朗基罗那被世人嫉妒的天分。他是独一无二的拉斐尔，他那清雅的身姿、淡然的眼神，仿佛是冬日里封存许久的阳光，柔情四溢，温暖人心。

拉斐尔用自己那一双发现美的眼睛，用那一双创造美的双手，竭力地呼唤着人性的复苏，呐喊着对情感的渴望和对爱的追求。他独创了"秀美"的风格，用民间化、世俗化抵制偶像化，他用古典的唯美和柔和为无数的人文主义者发出响彻云霄的呐喊，让他的作品、他的画风永远流传后世，受人景仰。他被后世称为古典主义大师，不仅影响了巴洛克风格，也对17世纪法国的古典学派产生了深远的影响。就美术史而言，拉斐尔是承前启后的一位关键人物。

近代实验科学的先驱者——伽利略

伽利略·伽利雷（Galileo Galilei，1564—1642），意大利著名的数学家、天文学家、物理学家、哲学家。他出生于意大利西海岸比萨城一个破落的贵族之家，1581年，进入著名的比萨大学学医，大学期间孜孜不倦地研究数学和物理。1590年，伽利略在比萨斜塔上做了"两个铁球同时落地"的著名实验，推翻了亚里士多德"物体下落速度和重量成比例"的学说，纠正了这个持续了1900年之久的错误结论。1609年，伽利略创制了天文望远镜（伽利略望远镜）。1610年，他发现了木星周围的四颗卫星，证明了哥白尼学说。后来借助天文望远镜，伽利略先后发现了土星光环、太阳黑子、太阳的自转、金星和水星的盈亏现象、月球的周日和周月天平动，以及银河是由无数恒星组成等。伽利略著有《星际使者》《关于太阳黑子的书信》《关于托勒密和哥白尼两大世界体系的对话》，以及《关于两门新科学的谈话和数学证明》，为牛顿运动定律第一、第二定律提供了启示。他是首个在科学实验的基础上，将数学、天文学、物理学融会贯通的科学巨人，是一位有着无与伦比的天赋、超凡卓越的能力和矢志不渝坚韧精神的伟大人物。伽利略被誉为"现代观测天文学之父""现代物理学之父""科学之父""现代科学之父"。他在人类思想解放和文明发展的过程中都作出了划时代的贡献。

伽利略·伽利雷画像

1. 早年崭露头角

1564年2月15日，一个平常的日子，随着婴儿的一声啼哭，伽利略·伽利雷出生在意大利比萨城一个没落衰败的贵族之家。比萨是一个海滨城市，位于意大利的中西部,在名城佛罗伦萨的西北方向。据史料记载,伽利略家族早年还是比较富裕的,他的祖先是佛罗伦萨比较有名望的医生。随着时间慢慢推移,伽利略的家族逐渐衰败,伽利略父亲凡山杜这一代,连温饱都无法解决。凡山杜年轻时一心追求自己的音乐梦想,并没有继承父业,学习医理,但他一生都是一个不得志的音乐家。虽然他数学很好,还精通希腊文等外语,但是他并没有找到什么好的职业,他的心里颇有些后悔,认为当初没有听从父亲的意见,才会落到如今的地步。凡山杜的肩上担负着全家生活的重担,为了改变家庭的现状,凡山杜决定放弃自己所钟爱的音乐事业,在佛罗伦萨开了一间小铺子,卖起了毛织品。起初铺子的生意还算兴旺,但是一段时间之后,又慢慢变得冷清。为了不让儿子步自己空想无成的后路,也为了使家庭摆脱贫穷,尽量多挣些钱,凡山杜想让伽利略将来也当个布商。

但伽利略继承了父亲满腹才华,在音乐、诗歌、绘画以及机械等方面的兴趣极其浓厚。幼年时期的伽利略对机械有极大兴趣,并且有很强的动手能力。有一次,他用木头刻了一个小房子,房子虽小,却设计得跟真房子一样。透过外面的门窗,居然可以看清里面家具和人物的形状,伽利略还细致地给房子涂了颜色,十分精致。他的弟弟妹妹把小房子带到学校,其他的小孩子很是羡慕。"真好啊！你们的哥哥总是给你们做这么可爱的玩具。""嗯，我哥哥可是最厉害的，你们的爸爸妈妈都比不上他呢！"弟弟妹妹一直以伽利略作为自己的榜样。凡山杜也将小伽利略做的一些玩意儿放到铺子里面当作装饰品，居然有客人要求买这些东西。

小伽利略兴趣广泛，除了迷恋机械的东西，他还喜欢画画、弹琴，终日闲不住。大人们都夸赞伽利略聪明懂事，凡山杜听了自然嘴角上扬，心里煞是欢喜。他下决心要好好培养伽利略，于是就放弃了让儿子当布商的念头，决定让他去学医，重振家业，一来可以增加家庭收入，二来也可以重振家族荣光。可是他并没有征求小伽利略的意见，独自幻想着儿子未来可以成为一名优秀的医生。

1576年，伽利略按照父亲的意愿，进入了佛罗伦萨附近的瓦洛姆布洛萨修道院，接受古典教育，他在那里学习了很多关于哲学和宗教方面的知识。本来凡山杜只是想让伽利略了解一下这方面的知识，提升一下他的人文素养，可是没想到伽利略竟然沉迷其中，产生了要去当传教士的念头。凡山杜听了这个消息，心里不知是欣喜还是担忧。欣喜的是，孩子的才智明显超过了其他同龄人，他感到十分骄傲；担忧的是，他会因此走上一条"歪路"。有了自己的前车之鉴，他没有犹豫，立即把儿子带回家，决定把他转送到教学条件最好的比萨大学。

　　1581年的一天，全家人正吃着晚饭。伽利略一直盯着手中的刀叉，他突然有个好想法，这副刀叉也能给弟弟妹妹做一个好的玩具。突然，父亲一声长叹打断了他的思路，伽利略看着父亲愁眉苦脸的样子，想是又有了什么不好的事。"伽利略，你今年17岁了吧？"伽利略说了一声"嗯"，疑惑地看着父亲。"我打算把你送进比萨大学。"父亲说着便放下了手中的刀叉，坐直了身体。"可是父亲，那所大学的学费太昂贵了，您要不要再考虑一下？"伽利略虽然很想去这所著名的大学，但是那高昂的学费不是他这样的家庭可以承受的，他又看了看众人盘中所盛的食物。"学费的事情不用你操心，家里生活再贫困，我也不想埋没你的才华。你去了比萨大学之后要好好学习医术，就像你的爷爷一样。"听了父亲的安排，伽利略有一丝丝迷茫，但父亲个性倔强，他做出的决定没有人可以改变，他只能顺从父亲的意愿，进入比萨大学成为一名医科大学生。

　　17岁的伽利略，进入比萨大学学医，同时潜心钻研物理学和数学。比萨大学是一所古老的大学，多年的积淀使得它的文化底蕴非常深厚，而对于伽利略来说，这所学校最大的优点便是藏书丰富。他走进图书馆，图书馆的墙壁有一道道时间累积下来的斑驳痕迹，十分古朴。他目不转睛地盯着面前的书架，将藏书的书目细细浏览一遍，最后情不自禁地笑出声来。伽利略对医学并没有什么兴趣，图书馆藏书这么多，他就可以安心看除医学以外的其他书了。当时他对数学与物理学等自然科学产生了浓厚的兴趣，因此很少上课，几乎终日泡在图书馆。

在教授们的眼中，伽利略就是个不学无术、自甘堕落的坏学生，平时很少上课，但一上课便会刁难教授，经常提出一些"毫无意义"的问题。这些问题看似平常，其实蕴含着很多科学知识。"鸟的翅膀为什么可以支撑它的身体飞起来，而人的手臂就不行？""植物在秋天为什么会发黄变枯？""人死后真的可以飞到天上变成天使吗？"这些问题都使教授们难以回答，他们在课堂上憋得脸发红，在学生面前出丑，经常一怒之下，就把伽利略赶出教室。教授们毫不包容的态度使伽利略对医学的兴趣又削减了三分，他将更多的兴趣和注意力转到物理学和数学上了。

在他大学期间，一个偶然的机会，利玛窦陪托斯坎尼大公爵到比萨。听说这位著名的大数学家要来到比萨城，想到终于可以见到心中的偶像了，伽利略抑制不住内心的喜悦，要是能有幸和他探讨一些让自己困惑的问题，那就更好了。于是他悄悄地溜出学校跑去拜访他，正巧碰见了利玛窦在给宫廷侍从讲几何学，这是他还没有接触过的数学问题，伽利略不敢进去打扰，只能躲在门外偷听，听着听着，深奥的数学便深深地吸引了他。这位青年数学家学识渊博，比医学院的那些教授又多了几分和蔼可亲的态度，伽利略心里暗暗倾慕，这种是研究大家的气度。他的信念一天天坚定起来，研究自然科学才是他想要走的道路。伽利略抑制不住内心的窃喜，不小心踢到了路边的花盆，发出了声响。他突然慌张起来，这会不会打断了数学家的思路。利玛窦听见了外面的动静，走出来看见一个慌乱的少年。伽利略鼓起勇气，上前对利玛窦自我介绍是比萨大学的学生，又表明了自己的仰慕与敬佩之意，还说有几个困扰许久的数学问题想要请教。利玛窦听了伽利略提出的几个问题，不禁脱口而出："伽利略，你真是太棒了，你的天赋加你的努力足以让你成为一名受人敬仰的数学家！"虽然从小到大，伽利略一直是在众人的夸赞中成长起来的，可当他听到利玛窦说的这些话，内心还是忍不住泛起重重波澜，他的脸噌地一下变得通红，不知所措起来。他向利玛窦倾诉了自己对数学的向往，对医学的厌倦之情，倾诉自己家庭的窘境，还吐露了父亲一直以来对自己抱有的期望。利玛窦听到这些苦楚，在内心深处对伽利略在数学领域的坚持产生了几分感动。在那个年代，数学家是赚钱最少的职业,很少有人对数学有那样的天赋和热爱了。他鼓励伽利略:"伽利略,你是个数学天才,你要坚持下去,自己热爱的事情是无论如何也不能放弃的。"确实,热爱是最好的老师。

1583年,是伽利略无论如何也不会忘记的一年。一天,伽利略正在深深思索着一个数学问题,他边走边想,不自觉地就来到了他熟悉的比萨大教堂,也许这就是命运的神奇之处。伽利略慢慢踱步到教堂大厅中间,头顶的巨灯突然晃动了起来,打断了他的思路。他抬头看了看,是装修工人正在修理吊灯。这只是一件平常的小事,伽利略起初并没有在意,继续思考刚才的那个问题。突然,他意识到了什么,抬起头,眼睛死死地盯着头上的吊灯,面露喜色地看着吊灯摇摆。在吊灯快停下时,伽利略又请上方的装修工人碰了一下吊灯,吊灯又开始晃动了起来,他赶忙把左手搭在右手手腕上,利用自己的脉搏测量吊灯每摆动一次的时间。这样计算的结果,伽利略发现了一个惊人的秘密,就是吊灯每摆动一次的时间,不管圆弧大小,结果总是一样的。伽利略的脑子开始飞速运转起来,他又想起了曾经质疑过书本上写的古希腊哲学家亚里士多德的说法,吊灯摇摆经过一个短弧要比经过长弧快些,这是谁也没有怀疑过的结论。

伽利略像是被雷击了一样,发疯似的跑回了宿舍,想要验证自己得出的结论。舍友们都是医学方面的优等生，在他们眼里，伽利略这样的差生是没有任何前途的，他们甚至不屑于与他交流，只是用鄙夷的眼光看着他奇怪的举止。伽利略不理会别人的眼光，找到长度不同的绳子和铁链，还有各种各样的重物，他模仿着在教堂看见的现象，在宿舍一遍遍重复实验，刚开始是用脉搏计时，后来为了得到更加精确的结果，他换成用沙漏计时。舍友们看见他的这番行为，纷纷表示不解，他们都在私底下议论伽利略："那个疯子，他又在做什么？""他在宿舍经常这样的，你还不习惯吗？""唉，他上节课又被教授赶出了教室，那个教授是专门从医院聘请来的德高望重的医生，他竟敢顶撞人家，我真是倒霉，和这个疯子分到一个宿舍。"伽利略丝毫不理会同学对自己的议论，在他看来，那些优等生和教授无法理解自己，自然不必多费口舌和他们解释。

在偏见的目光中，伽利略完成了实验。经过无数次的重复之后，他大胆地确定了自己的想法：亚里士多德的说法是错误的。他发现了新的摆动运动规律，决定摆动周期的是绳子的长度，而与绳子末端的物体重量没有关系，这个想法完全推翻了已经流传了上百年的结论。

当伽利略激动地向别人说出自己的实验成果时，

大家却都向他投来鄙夷的目光。区区一个医科大学生，随便一个结论也想推翻先哲亚里士多德的权威结论，这简直是痴人说梦。一时间，他受到了众人的嘲笑，这件事情在比萨城内传得越来越广，终于有一天传到了凡山杜的耳朵里。伽利略心里有点担忧，要是父亲把自己带回家，就无法在条件这么好的学校里继续学习了。

凡山杜的铺子生意越来越冷清，不但要负担伽利略的学费，还要照顾全家人的生活，家里的生活一度陷入困境。凡山杜听说伽利略并没有按照自己的意愿学习医学，而是成天迷恋着不相干的没有任何收入的实验，一怒之下，就为伽利略办理了退学。伽利略离开了比萨大学，并且没有拿到毕业证书，跟着父亲回到了佛罗伦萨，在父亲的那个小铺子当了一个小小的店员。伽利略并没有气馁，在一无所有的环境下，仍继续坚持科学研究，他一直都记得利玛窦跟自己说过的话，不会轻易放弃自己的理想。

然而凡山杜只是想让伽利略照看商店，但他的心思根本就不在店铺。他一直沉浸在自己的世界里，鼓捣各种各样的工具，钻研从别人那里辛苦借来的书籍，他的大脑就像一台永不停息的发电机，源源不断地产生疑问，又思索用自己的方法解决疑问。很多次凡山杜和客人叫他，他却听不见，常常甚至到了废寝忘食的地步。

　　"伽利略，你总是搞这些没用的东西。"凡山杜又在数落伽利略了。"父亲，这不是没用的东西，这些实验如果成功的话，可以改变未来的世界。"伽利略希望父亲知道自己不是在做无用的事，也试图让父亲理解自己。不料，凡山杜却不屑一顾，他挥手把伽利略辛苦收集起来的材料扔到地上，骂道："你要是有这本事，那就改善咱们家里的生活啊！"伽利略说不出话来了，他做的这些实验确实无法立即带来直接的利益。看着父亲愤怒失望的眼神，伽利略只有默默地在心里为自己打气，成功不是一朝一夕的事情，再过几年，一定要让父亲看到自己的成就。这个在佛罗伦萨的街道上刻苦努力的少年一定会做出一番成绩，因为命运从来不会亏欠努力的人。

　　伽利略兴趣最浓的是做实验，他最喜欢看的是阿基米德的著作，其中包含了许多数学与力学知识，还有一些物理实验，虽然其中的一些观点有所偏颇，但还是给伽利略提供了莫大的帮助。当初在比萨大学时，他就自己动手制作了脉搏计，这是他根据自己发现的单摆等时定律做成的，可以用来测量病人脉搏，颇受医生的欢迎。但现在，在父亲的铺子里，实验的条件不是很好，就连做实验需要的专业器具也很难找到，还要一边承受着父亲的打骂，一边承受众人不解的眼光,但伽利略还是坚持了下来。当时欧洲各国航海事业发展迅猛,伽利略为了跟进时代科技步伐,发明了一种比重秤,可以很方便地测出各种合金的比重。伽利略还写了一篇论文,详细说明了比重秤的原理和用法。比重秤一出现,就受到了当时造船厂、机械工厂的热烈欢迎。到此,伽利略的梦想已经实现了一半,身边人看待他的眼光从刚开始的不解慢慢变成了钦佩。伽利略初步显示出了自己的天赋,在意大利学术界崭露头角。可是他并没有自我膨胀,这个低调的年轻人一直孜孜不倦地在科学领域进行他的研究,为新兴科学的发展做出自己的贡献。

伽利略就是这样的人,面对父亲对自己试验研究的质疑和不懈,面对生活的艰苦,以不抛弃、不放弃的精神,狂热而执著地进行着科学研究。他攻读了欧几里得和阿基米德的许多著作,做了许多实验,并发表了许多有影响的论文,从而受到了当时学术界的高度重视,被学术界誉为"当代阿基米德"。

2. 学术的黄金时期

1589年,伽利略25岁,他在父亲的铺子里已经待了四年。这四年间,他一直和利玛窦保持着联系,两人经常通过书信往来,讨论一些经典的数学问题。

比萨斜塔

在利玛窦的点拨下,伽利略成长飞速,他的数学思想逐渐成形,形成了一个完整的体系。利玛窦曾去凡山杜的铺子看望过伽利略,亲眼目睹了他们家里拮据的生活。利玛窦有意帮助伽利略改善生活条件,推荐他去比萨大学当一名数学教员。就这样,1589年夏,25岁的伽利略成功地被比萨大学聘为数学教员。这时,他已不必为生计发愁了,他的工资可以维持弟弟妹妹们的学费,也可以保证他专心从事一直向往的科学研究,伽利略对利玛窦的感激更深了。

当时大学的教材多为亚里士多德派学者所著,里面充斥着形而上学的神学思想,缺少科学的严谨论证。伽利略看见这些东西,直呼:"这真是科学界的悲哀,这种东西简直毒害人心!"伽利略是科学界的战士,他经常写文章抨击这些教材,因此受到学校其他教授和管理层的歧视和排挤。数学在当时的比萨大学是一门次要学科,只是为其他学科服务的,所以数学教员一职显得微不足道。尽管如此,伽利略还是很高兴能回到学术氛围中来。在比萨大学的三年教学生涯中，他不但给学生讲授欧几里得的几何学，还涉及天文学、军事工程学(指防御工事建造)、地理学和力学等领域。

伽利略在研究物理现象时，发现被奉为权威的亚里士多德物理学中有许多严重的错误。首先，是关于自由落体的特性。当时，所有学者都信奉亚里士多德的信条，即下落速度与落体质量成正比。然而，伽利略发现，无论落体质量多大，都以固定的比率加速。伽利略后来进行了自由落体实验，即著名的比萨斜塔实验。比萨城因为比萨斜塔而出名，比萨斜塔又因为这个著名的实验而在科学史上留名。伽利略这次实验得出的结果是"决定物体下落速度的是物体的密度而不是其质量"，这再一次推翻了亚里士多德的权威结论，纠正了这个延续1900年的错误思想。然后，通过对加速度定律的研究，伽利略发现炮弹离开炮筒时的速度与它落地时的速度是一样的。这样，伽利略便从射击中创造出了一门科学——抛物线运动定律。

伽利略因为先前的脉搏计和比重秤受到社会各界的关注，这次他的结论一经得出，却受到了大众的敌视。那段时间里，他的宿舍门口经常被人写上"骗子""疯子"的字眼，有些报纸也讽刺他，说他之前的两项发明说不定是巫术，甚至骂他知识浅薄，简直是科学界的毒瘤，应该制止他的行为。一时间，伽利略名声大损。

亚里士多德的信徒们想要将伽利略驱逐出学校，事实上，他早就不想继续待在这个思想僵化的地方。

1604年的冬天，意大利出现了"超星"现象，一直持续了18个月之久，吸引了很多人的注意。甚至那段时间，人们产生了很多疑问，有人说这是天神降临的征兆，有人说这是灾星降世的凶兆，当时人心惶惶。伽利略决定向人们科普这一现象，以解开疑团，便在威尼斯作了几次演讲。他口才了得，把严肃深奥的天文话题讲得生动有趣，来听他讲座的人越来越多。为了讲解的需要，伽利略几乎每天晚上都要仰望天空，观察天相，但肉眼的观测是有限的。虽然恒心有之，努力有之，智慧有之，可是伽利略还是找不到解决疑问的任何眉目。他在心里懊恼，无论科学研究所取得科学成果多么有意义，人们的认识和宇宙的真实状况间永远横亘着一条鸿沟，这条鸿沟严重阻碍了天文学的发展。伽利略辗转反侧、冥思苦想，渴望实现突破，渴望能把自己和宇宙的距离拉得近些、再近一些。

转眼就到了1609年6月，伽利略从学生那里得到一个消息，说是一个威尼斯的眼镜商人利帕希为了检验所磨镜片的通透性，将两个镜片放成一列，无意中便看到远处的房屋被放大了，连屋顶上落着的麻雀外貌都能看清。伽利略受此启发，拿了几个玻璃镜片，去找眼镜店的老板学会了打磨镜片的方法。他将镜片细心打磨光滑，然后拿它去进行排列研究，起初并未有什么发现。直到他把一个凹镜片和一个凸镜片放成一列时，才能稍稍看清楚东西，他想要的千里眼终于有点眉目了，可是这点放大程度还不足以观察天上的星星。伽利略兴冲冲地跑到附近的各个眼镜店，搜罗了许多大小、厚薄不一的镜片。此时，他的实验室更像是一个五金店，堆满了各种木头、镜片、铁皮，还有一些改锥、锉子等工具。他失败了很多次，却从来没有泄气，更没有放弃，因为对于宇宙，他实在是有太多疑问了。起初，他制作的望远镜只能把物体放大3倍，最终他研究制作出了可以把物体放大33倍的望远镜。他把这个望远镜架上天台，清楚地看见了太空中的各种事物。月亮的表面是凹凸不平的，它不会自己发光，远处的星星其实都很大，可是它们离人类太远了，才会看起来渺小，银河是由密密麻麻的星星（即星团）构成的。

  伽利略叫来了自己的学生——让他们一起看飞翔的鸽子，看远山的美丽风景，窥探宇宙深处的魅力与奥秘。"老师，您真厉害，难怪被称作当代的阿基米德。"学生们都很仰慕伽利略，他脑子里的知识仿佛挖掘不尽。伽利略莞尔一笑说："要记住，我不是别人，我是你们的老师伽利略。这个望远镜虽然能让人看清一部分宇宙的东西，可是它还可以完善，这个就需要我的学生——你们来做到。""我们一定不会让老师失望的。"学生们摸着面前的望远镜，心里暗自下了决心。

"我相信，你们一定是热爱科学才会选择这条路的，可是现在这个时代，想要得到世人的认可绝对不是一件容易的事，但是你们一定要坚持下去。"伽利略又想起自己在比萨大学时不被众人理解的情形，他想起了父亲的指责，也想起了利玛窦在他艰难时对他的帮助。他继续眺望远方，回忆过往的种种，陷入无限的沉思。在这个世界上，或许不被理解，或许被轻视、被鄙视、被无视，但他相信，依然有志同道合的人伴他前行，在黑暗中，始终有一颗最亮的星为他指路，让他在艰难中不断前行。

伽利略用望远镜逐渐揭开了宇宙神秘的面纱，也以此证明了哥白尼"日心说"的正确性，从此伽利略变成了"日心说"的有力证实者和宣传者。1610年3月，伽利略的《星空信使》一书在威尼斯出版，轰动了当时的欧洲，引起社会各界极大的关注，也为他赢得了崇高的荣誉。从此，伽利略声名鹊起。

伽利略一直以来都想谋求一个宫廷职位，这样，就可以增加他的生活收入，有更高的头衔，受到更多的尊重，更好地开展自己的工作。于是他把自己制作的望远镜和创作的《星空信使》都献给了年轻的科西莫二世公爵，并把书中的新发现的木星卫星以科西莫公爵的名字来命名。科西莫公爵为感谢伽利略，于

1610年暮春任命他为"比萨大学首席数学家和大公的哲学家兼数学家"。伽利略曾明确请求在他的头衔上加上"哲学家"的字样，以便给自己带来更高的声望。科西莫公爵同意授予伽利略"哲学家"的名号，因为哲学家的工作具有神学和宗教意义，科西莫公爵以"宫廷哲学家"为伽利略头衔，自然给自己带来了神学和宗教上的支持和认可。伽利略在大公的保护下，就可以在余生时光里自由地研究世界，并为了公众的利益公布自己的新发现。伽利略被授予"宫廷哲学家"和"宫廷首席数学家"的头衔后，又回到了他的故乡佛罗伦萨。

3. 探索真理的晚年

15—16世纪，教会为了维护其在欧洲大陆的统治，想方设法禁锢人们的思想，一些处于时代先列的科学家还受到了迫害，这在很大程度上阻碍了科学的发展与创新。教皇领导下的教会信仰"地心说"，随意发表言论，说地球是悬浮着的一颗蓝色的大水球，认为地球是宇宙的中心，世间万物围绕地球旋转。他们不断通过各种方法提高教会的地位，说自己是神派来管辖世界的。为了使教皇统治更加稳定，教会不惜采用暴力手段干预科学的发展。那时，学术界人心惶惶，每个人都害怕成为教皇的下一个迫害目标。

一天下午，伽利略正在专心研究着先人留下来的著作，不料却传来了布鲁诺被教廷绑在火刑架上活活烧死的消息，只因为他支持并宣传了哥白尼的"日心说"。伽利略得知这件事时，很是震惊，在为布鲁诺惋惜的同时也为教廷的残暴而震惊，这件事对伽利略的晚年造成了很大的影响。

作为科学的先驱者，伽利略不忍心看到投身科学研究的人们活得如此胆战心惊，也不希望教会过多干涉科学研究，他曾多次去罗马活动。1611年，他第二次前往罗马，目的在于让政治、学术与宗教界各界认可他在天文学上的研究和发现，他还带去了自己视若珍宝的望远镜，想让自己的发现更有说服力。伽利略让教皇和一些上层人物透过望远镜看浩渺的宇宙。不料，神父们虽然承认他的观测事实，却想让他换个解释说明这种现象，也就是想让他的研究发明为宗教服务。那些所谓的上层人物心怀鬼胎，他们认为只要控制了伽利略这个权威科学家，那么教会提出的观点就更有信服力，但是伽利略坚持科学研究的独立性与真理的纯洁性，他们的阴谋最终没有得逞。

1615年，教廷中许多与伽利略敌对的教士联合攻击伽利略，控告他违反基督教义。对此，伽利略十分为难，一方面他信仰基督教义，不愿公开对抗教廷的制裁；另一方面，他也不愿意违反自然科学规律。为了挽回自己的声誉，他决定第三次前往罗马，他希望教廷对他网开一面。教廷其实不敢直接处置拥有巨大声望的伽利略，他们也怕"搬起石头砸自己的脚"，因为坚持谬论的人内心总是没有底气的，他们只能耍弄一些伎俩手段限制真理的发展。1616年，教皇保罗五世下达了著名的"1616年禁令"，禁止伽利略以口头的或文字的形式保持、传授或捍卫"日心说"。为了保存有生力量继续做科研，伽利略不得不发表了放弃哥白尼学说的声明。这与其心意完全背离，一时间，伽利略陷入了深深的痛苦之中，无法排解自己内心的苦闷，他怀着久久不能平复的心情回到佛罗伦萨。在郊外的一栋别墅里，伽利略过着离群索居的生活，平静度日，饮食起居十分简单，活动范围也只固定在几个地方，不愿与外界交流。他终日思考科学的意义，也思考与教廷对抗的方法。

1624年，伽利略第四次前往罗马，希望新任教皇乌尔邦八世能帮助他完成心愿，以维护新兴科学的生机。为了让教皇接受新思想，他反复劝说，试图用基督教义来解释"日心说"，并向教皇说明，天主教所坚持的教义与新兴科学的观点并没有冲突，两者是可以共存的。可是教皇依旧坚持禁令不变，只允许伽利略写一本"日心说"和"地心说"共存的书，而且要让两者并立，不能出现思想的倾向性和明确的观点。

虽然限制重重，阻碍颇多，但在这辛苦奔波的一年内，伽利略也做出了一些成就，他发明了一台显微镜，这又极大地推进了新兴科学的发展。

经过5年左右的时间，伽利略终于完成了具有深刻意义的伟大著作《关于两种世界体系的对话》。1630年他第五次到罗马，取得了此书的"出版许可证"。1632年，此书终获出版，但是书中蕴含的隐晦思想还是被教廷发现了，那些道貌岸然的神学家联合学术骗子给伽利略强安上了一个罪名。

1632年8月，伽利略万万没想到，罗马宗教裁判所下令禁止各大书商出售这本书，罗马教皇还专门组织了一个委员会审查这本书，希望找到伽利略反对教廷的证据。到了10月，这位已经69岁的老人，接到宗教裁判所发出的一纸公文，要他去罗马接受审讯。

宗教裁判所对伽利略的审判

这时的他已是病魔缠身，行动不便。好友及学生都劝他不要去闯那龙潭虎穴，但这个天性倔强的人说道："想要让科学发展，这条路上就必定有人要牺牲，我曾经屈服过，但是那些自以为是的骗子却更加嚣张。如今必须有人站起来反抗他们，新兴科学才有生存的希望，这次我必须去！"听了伽利略的这番话，大家自知劝说无用，只能在心里为他默默祈祷。

1633年初，伽利略前往罗马，此时的他已是风烛残年的老人。教廷不听他的解释，限制了他的活动，并把他关进了宗教裁判所的牢狱，不准任何人探望他。那些残暴的教徒举起火把，威胁伽利略放弃自己的信仰，否则就要把他绑在十字架上将他活活烧死。他们用最恶毒的语言、最残忍的手段，逼迫他认罪低头，没有任何同情之意。看着周围一张张恶毒的面孔，这位老科学家心理防线被击溃了。他颤抖着双手在忏悔书上签了字，但他心里坚信，真理不会因为暴力而消失，再过数百年，这个世界终将宽容开放。

迫于社会的巨大声援，宗教裁判所的判决随后又改为在家软禁。伽利略重新被迫陷入沉默中，他甚至在想当初选择科学这条路到底是明智还是糊涂，他开始思考人生的价值。这个时候，他的好友皮柯罗米尼说："伽利略，你只需要知道宗教裁判所对你做出的裁判是不公平的，相信你自己，你坚持的是真理，是不会被打败的。"在好友的鼓励下,伽利略重整旗鼓,接受建议,开始研究无争议的物理学问题。他依旧采用《关于两种世界体系的对话》的形式,以独特的对话体裁和朴素的文笔,撰写成《关于两门新科学的对话与数学证明对话集》,这本书凝结了他最成熟的科学思想和科研成果。这部书稿在1636年就已经写完,但是教廷当时限制伽利略,不准他出版任何书籍,所以书稿就由他的一位威尼斯友人带出国,1638年在荷兰莱顿整理出版。这本书是现代物理学的第一部伟大著作,也是伽利略长期对物理学研究的系统总结。这部伟大著作的创作形式非常独特,也否定了先哲亚里士多德的运动学说,开创了科学发展的新纪元。

在学术界中,嫉妒伽利略成就的人太多了。伽利略在好友皮柯罗米尼的家中刚居住了一段时间,便有人写匿名信向教廷告密说,皮柯罗米尼罔顾判决,竟然厚待伽利略。教廷决定撤回让其在家软禁的判决,继续当初对伽利略下达的禁令,勒令伽利略迁回佛罗伦萨附近的故居,由其大女儿维吉尼亚照料。皮柯罗米尼也因此受到牵连。但在伽利略搬回佛罗伦萨四个月之后,维吉尼亚竟先于父亲病故,伽利略再也没人照顾了。教廷对他十分苛刻,伽利略多次向教廷申请外出就医,但均遭到拒绝。伽利略在失去女儿后,整日郁郁寡欢,陷入孤立无援的境地,生活一片凄凉。

1637年，他双目失明，次年，他的儿子才被准许来到他身边继续照顾他。这时教廷放松了对他的限制和监视，他们觉得一个已经双目失明的老人并不能对宗教统治造成什么影响，也不会撼动他们的地位，所以也不像以前一样对伽利略严加管制。可是，伽利略并没有因为病痛就放弃这份事业，大数学家利玛窦对他的影响实在是太大了，对科学的坚持和对真知的探究早已深入骨髓。

1639年夏，朝气蓬勃的18岁青年维维亚尼希望成为伽利略的学生，伽利略向教廷提出了这个请求，教廷允许这个聪慧好学的年轻人成为他最后一名学生，并在身边照料他。维维亚尼使他非常满意，看见这个意气风发的青年，他仿佛看见了青年时的自己，对科学也是这般地充满热忱。伽利略告诉维维亚尼，一定要坚持科学事业，他恨不得倾其所学传授给这最后一位弟子。虽然伽利略从未接受过系统的教育，可是他经过自学和实验积累的丰厚知识底蕴却是很多人都比不上的。维维亚尼最终没有辜负老师的期望，他孜孜不倦地汲取老师知识体系中的精华，并决心将它们流传于后世，为新兴科学做出贡献。

1642年1月8日，凌晨4时，伟大的科学家伽利略——为科学、为真理、为信仰奋斗一生的虔诚者、科学巨人离开了人世，享年78岁。这位伟大的科学家直到临终前，还在坚持不懈地研究科学问题。他曾在离开人世的前夕，重复着这样一句话："追求科学需要特殊的勇气。"

伽利略一直深深地迷恋实验，不仅是因为他天赋强，而且认为实验才是科学的源泉。只是根据以往的生活经验肆意猜测，这样空口无凭，是无法得出真理的。伽利略是人类思想解放和文明进步的战士，他科学的思维逻辑、坚强的性格特征和伟大的科学创造能力，他对待敌视者的心胸和令人赞叹的辩驳力及人格魅力，深深感染着世人。伽利略不仅谱写着科学发现的伟大故事，而且关注探讨着人类终极关怀的问题。他的言语、他的行为，时时处处都关心着科学的发展和全人类的福祉。在当时的社会条件下，他冲破重重阻碍，做出非凡的成就，使新兴科学得到新的发展，也促进了人类思想的发展。他的精神，永远为后代所景仰。他在逆境下坚持真理，坚守自己的理想，在困境中坚守自我的精神，值得世人称颂和传承。

后　记

"一带一路"相关国家众多,代表性人物众多,为中外交好、民心相通作出杰出贡献的人士众多。因此,为"一带一路"璀璨群星立传,既使命光荣,又责任重大。在这项浩大工程的策划、组织、执行过程中,有许许多多的人士参加了有关传主的名单征集和审定,以及写作、翻译、审读、编辑、出版、筹资、联络等繁重而琐细的工作。所有参与的人员,以拳拳报国之心,尽深厚学养之力,克服了时间紧、任务重、要求高、压力大等诸多困难与挑战,最终圆满完成了任务。在本书付梓之际,丛书编委会特向参与本项目的全体同志致以崇高敬意和衷心感谢！

同时特别需要鸣谢的是，提出策划并领导实施此项目的中国传记文学学会会长王丽博士，基于长期法律实务经验和担任"一带一路服务机制"主席职务的便利，她对相关国家和"走出去"的"一带一路"建设者和广大青少年的需求了解真切，提出应当为他们写一套介绍各国典型人物的简明易读的传记，为他们提供健康的精神食粮。她把这项"额外"的工作当成了事业，联袂商会筹集资金、苦口婆心招揽作者、精心挑选传主名录、夙夜青灯挥笔写作、近乎偏执逐字推敲、亲力亲为呕心沥血。面对如此浩大的出版项目和繁重的出版任务，中国出版集团华文出版社不但毅然承担了出版任务，而且集团和出版社的领导与中国传记文学学会的负责同志一起协商，寻求有关部门的支持和帮助，努力将该传系打造成高质量的精品好书。在此，我们特向项目牵头人和中国出版集团公司、华文出版社的相关领导和编辑致以崇高敬意和衷心感谢！

尤其让我们感动的是，在项目执行过程中，一些富有家国情怀的民间商会和企业家的慷慨解囊，虽不足以支撑项目的全部费用，但是他们所表现出的热心和支持，让我们坚定了走下去的信心和决心。在此，我们要特别鸣谢为本书的创作出版做出捐赠支持的中国民营经济国际合作商会、亿阳集团股份有限公司、富通集团有限公司以及太平洋证券股份有限公司,并对他们的拳拳报国之心和慷慨无私帮助致以崇高敬意和衷心感谢!

  一项伟大的事业,离不开许多默默无闻的奉献者。在本传系的组织、编写、出版过程中,有历史、文学、科研、外交、教育、法律、翻译、出版等领域的数百位专业人士参与,恕不能在此处一一详列。需要特别提出的是,鞠思佳、景峰等同志为组织联络、搜集资料到处奔波而毫无怨言,唐得阳、唐岫敏、白明亮、谭笑等同志在编写、翻译和编辑、校对过程中的细致与负责让我们感动,赵实、胡占凡、高明光、吴尚之、刘尚军、李岩、王灵桂、李永全、陈小明、许正明、宋志军等同志睿智的指点和专业的帮助让我们避免了走许多弯路。在此,我们特向以上各位同志致以崇高敬意和衷心感谢!

  当然,由于我们水平所限,本丛书难免有某些不尽人意之处和瑕疵,敬请学界专家和各位读者不吝赐教,我们将在作品再版之时吸收完善。在此,我们也向各位读者提前表示崇高敬意和深深感谢!

"'一带一路'列国人物传系"编委会
2018年3月8日